臺灣歷史與文化 研究輯刊

七 編

第 8 冊

洪棄生的旅遊詩歌
——《八州詩草》研究(下)

陳光瑩 著

花木蘭文化出版社

國家圖書館出版品預行編目資料

洪棄生的旅遊詩歌——《八州詩草》研究（下）／陳光瑩 著
— 初版 — 新北市：花木蘭文化出版社，2015〔民 104〕
目 4+150 面；19×26 公分
（臺灣歷史與文化研究輯刊 七編：第 8 冊）
ISBN 978-986-404-179-4（精裝）
1. 洪棄生 2. 旅遊文學 3. 文學評論
733.08   103027819

ISBN-978-986-404-179-4

9 789864 041794

臺灣歷史與文化研究輯刊
七 編 第 八 冊   ISBN：978-986-404-179-4

洪棄生的旅遊詩歌──《八州詩草》研究（下）

作　　者　陳光瑩
總 編 輯　杜潔祥
副總編輯　楊嘉樂
編　　輯　許郁翎
出　　版　花木蘭文化出版社
社　　長　高小娟
聯絡地址　235 新北市中和區中安街七二號十三樓
　　　　　電話：02-2923-1455／傳真：02-2923-1452
網　　址　http://www.huamulan.tw 信箱 hml 810518@gmail.com
印　　刷　普羅文化出版廣告事業
初　　版　2015 年 3 月
定　　價　七編 10 冊（精裝）台幣 20,000 元

洪棄生的旅遊詩歌
——《八州詩草》研究(下)

陳光瑩　著

目

次

第四章 特 色

　　細論特色：一從旅遊詩歌的感性和知性，論「體物寫志，詩地相肖。」從景色的異同處論「一長擅勝，微體皆具。」從會通體製，論「浩落婉麗，樂府竹枝。」「賦筆駢句，鋪張雕繪」。從風格相對近於唐詩和宋詩，以及文章筆法分別討論「藉景抒情，寓意深刻。」和「融典入景，活法作詩」。「景意緊兼，格思高遠。」「化靜爲動，切近賦物。」從詩歌和繪畫的意象理論，討論「景觀如畫，寫意逼眞。」「深探遠眺，周覽生趣。」

第一節　體物寫志，詩地相肖

　　體物寫志，使詩地相肖，往往由印證文獻、細心觀察入手，使詩作與風土相肖。王士禛云：

> 范仲闇（文光）在金陵，嘗云『鐘聲獨宜著蘇州』，用唐人『姑蘇城
> 外寒山寺，夜半鐘聲到客船。』如云：『聚寶門外報恩寺』，豈非笑
> 柄？……風味各肖其地，使易地即不宜，若云：『白日澹蘇州』，或
> 云『流將春夢過幽州』，不堪絕倒耶？〔註1〕

古人尋勝訪跡，識見過人，作品已成經典。從選取各地名勝古蹟，以其代表當地的特色，即前文所謂選取「碑銘式」的觀點來寫作，又可細分自然和人文景物的不同。古人又選取大範圍的景物，合詠爲「八景詩」、「十景詩」，表現豐富多元的人文意涵。

　　學者劉麗卿研究臺灣隸屬清廷至清末割台予日本，百年間臺灣八景與八

〔註 1〕王士禛著，《池北偶談·談藝》（台北市，漢京文化出版社，1984），頁 385。

景詩。詩共五百三十二首，作者籍貫可考者有四十一位大陸遊宦人士與六十五位本土人士。府、縣、廳級的八景多由官方選定，且隨行政區域調整而調整。〔註2〕誠如尹章義的研究，清代科舉社群因科考生童戶籍的規定，加速科舉社群成員的「土著化」。以儒家經籍為考試範圍，加速邊陲地區的「儒漢化」和「中土化」。〔註3〕「八景詩」即因作者屬於科舉社群，登臨懷古、摹寫山水，不免將「眼前景」以經籍典故與中國大陸山水比附形容，使地處邊陲、海隅一角的臺灣景致「儒漢化」和「中土化」，又因臺灣開發較晚，勝景天然而謳歌如「蓬瀛」。例如乾隆時遊宦人朱仕价〈雞籠積雪〉詩云：「誰知海島三秋雪，絕勝峨嵋六月寒。」本島詩人卓肇昌〈晴巒觀海〉云：「縹渺無盡處，從此達蓬瀛。」道光年間，本島詩人黃驤雲〈珠潭浮嶼〉云：「奇生溫嶠燃犀想，趣悟濂溪太極圖。」〔註4〕等。茲以自然和人文景物的不同論述：

一、自然勝景，奇奧平曠

　　自然山水勝景變態萬千，然就視覺之遮蔽和開展，可分為奇奧和平曠兩種自然美，柳宗元〈永州龍興寺東丘記〉說：

> 遊之適，大率有二，曠如也，奧如也，如斯而已。其地之凌阻峭，出幽鬱，寥廓幽長，則於曠宜。抵丘坭，伏灌莽，迫遽迴合，則於奧宜。因其曠，雖增以崇臺延閣，迴環日星，臨瞰風雨，不可病其敞也。因其奧，雖增以茂樹叢石，穹若洞谷，翕若林麓，不可病其邃也。

人為踵事增華，更突顯奇奧和平曠的自然山水美景，如洪氏古文〈遊珠潭記〉：

> ……循草嶺入集集之街，則眾山攢亘之中，忽拓坡垞平之坦地，縱橫廣袤，殆十餘里。人煙稠密，園林蔥蒨，田疇畦隴，萬綠黏天。南濁溪，北清溪，夾流遠近，朝看山色，夜聽泉聲，居民多農賈百工，蚩蚩不知其勝也。……潭南諸大山，聳矗如華嶽蓮峰，近在咫尺，亦隔一水，不得登。翌日，望山迴駕而歸。屈指百里山程，探奇抉奧，百未逮一；然則勝景知失諸當前，固往往如是也哉。

由山勢奇奧忽見平曠人家，筆法似陶淵明〈桃花源記〉。視線由近看而仰望遠觀，景色近在眼睫耳際，得力於感官經驗的摹寫。末歎勝境失諸眼前，探奇

〔註2〕劉麗卿著，《清代臺灣八景與八景詩》，頁135。
〔註3〕尹章義著，《臺灣開發史研究》（台北市：聯經出版社，1989），頁579。
〔註4〕詩引自同前註，劉麗卿《清代臺灣八景與八景詩》，頁91、115、273。

抉奧，百未逮一。對照都富山城的「蚩蚩不知其勝」，餘憾生情，餘韻綿邈。
前者屬碑銘式的觀照，後者屬游觀式的觀照。前者如清代的「八景」和「八
景詩」。例如康熙年間，「玉山雲淨」、「水沙浮嶼」已選列爲「諸羅縣六景」。
〔註5〕乾隆七年（1742 年）劉良璧《重修福建臺灣府志》改增列入「諸羅縣八
景」。劉良璧書又選定「彰化縣八景」，而「珠潭（日月潭）浮嶼」亦選八
景之列，「浮嶼」又名「珠仔山」，即今之「拉魯島」。

「讀書萬卷不如行萬里路。」只有親履印證，方知古人詩文所詠山水之
妙處。洪遊日月潭詩，寫景朗如列眉，例如〈將遊珠潭路上即事二首〉云：

> 一逕上危巒，行行五十里。遙望觸口山，近見濁溪涘。濁溪如瞿塘，
> 洪流不見底。觸口如龍門，兩山相對峙。一過濁水村（村名），草嶺
> （山名）連天起。廻視所來山，復在深壑裏。山上復有山，水中復
> 有水。濁溪合清溪，渭源涉涇委。暮入集集街（地名），輕車如風駛。
> 四山鎖千家，中峰結盧市。夜來雨聲多，溪聲喧人耳。曙色入高樓，
> 雲白天光紫。我心急看山，冒雨行不止（其一）。此去山路艱，有似
> 盤雲棧。峭壁摩深溪，摩崖行一線。碧山號青城（山名），懸泉落白
> 澗。飛瀑奔長空，雪花成匹練。不到石門峯，宛覩匡廬面。再見濁
> 水溪，穿山去如箭。陰晴無定間，山容千萬變。百險遇一夷，神舒
> 目猶眩。覆崖似破鐘，雲根繫天半。我行雲窟中，梁懸山忽斷。輿
> 夫行傴僂，林麓紛迷漫。路入水裏坑（地名），漸覺嵐光散。過溪矗
> 危峰，崒崒凌霄漢（其二）。〔註6〕

〈將遊珠潭路上即事二首〉寫行程即事，目擊成詩。「四山鎖千家，中峰結盧
市。」「四山」句用一「鎖」字，寫景化靜爲動。其二云：「神舒目猶眩⋯⋯
路入水裏坑（地名），漸覺嵐光散。過溪矗危峰，崒崒凌霄漢。」〈將遊珠潭
路上即事二首〉結尾「路入」以下則危峰矗立崒崒。山勢凌空霸佔視線，一
明一暗，呼應「神舒目猶眩」一句，筆勢一開一闔。詩以敘事見長，眼前景
與中原輿地相比附，統合經驗，別書新意。第一首出現十三次地名，第二首
出現六次，卻不覺文氣壅塞，得力一路敘事一路寫景，極有層次，更突顯特
色。「碧山號青城（山名），懸泉落白澗。飛瀑奔長空，雪花成匹練。」四句

〔註 5〕周鍾瑄、陳夢林，《諸羅縣志》（台北：成文出版社，1983），卷 1〈封域志・
　　　　形勝〉，頁 17。
〔註 6〕《寄鶴齋詩集》，頁 287。

用對偶句式鋪排。「四山鎮千家」等句,「輿夫行傴僂」等都以風土景貌入詩。
第一首末句「我心急看山,冒雨行不止。」呼應「行路」向前,接著下一首,
文氣貫串。「陰晴無定間」等句刻劃精詣,似杜甫〈龍門閣〉一詩。洪氏以「避
實擊虛」筆法,選取前人詠嘆的名勝,加以變化。如光緒十三年(1887年),
清廷批准劉銘傳奏議,在臺灣中部增設苗栗、臺灣、雲林三縣,由臺灣府管
轄。倪贊元《雲林縣采訪冊》中「雲林縣八景」有「象渚垂虹」(今竹山鎮與
集集鎮分界處之濁水溪畔象鼻山,與獅仔山對峙,或稱牛相觸,地當濁水、
清水兩溪匯流之處,有清濁合流之稱)與「龍門湧月」(今竹山鎮清水溪與濁
水溪匯流處)、「珠潭映日」(今日月潭)、「玉山流霞」(今玉山)等景。〔註7〕
棄生駢文〈遊珠潭記〉寫「象渚垂虹」附近云:

> 遠近之峰,若迎若送;高低之磴,若卻若前。望濁溪之高瀉,洶若
> 洪河;指清渭之交流,明如秦渭。

以陝西涇、渭二河比擬,又四六句型的組合,有婉轉相騰之妙,便於宣讀句
式,化輿地知識為感性的節奏。

就古文言,學者柯慶明分析柳宗元〈遊黃溪記〉等文,稱許柳氏寫法異
於駢文整體而富有情韻的遠景描繪,而是將注意「移到遊歷經驗過程,人與
風景的交涉過程與經歷才是這一新的山水究與描寫的重點。主體的介入與優
位,才是這種心的經驗表現的美感特質。」〔註8〕他舉例柳氏此文對行程的詳
細記錄,直書所見,並考慮遊人休憩飲食等問題,不用駢語敘述,卻用人事
為比喻等特色。以此論棄生古文〈遊珠潭記〉:

> 當余之未至於潭也,自二八水下火輪車、乘輕車,一路沿濁水溪而
> 望獅頭山,則峻嶺峨峨,渾流浩浩;山在水上,水在山下也。車聲
> 雷激,不轉瞬而陟夫草嶺。迴視嶺西,坑口、觸口諸山如在無底之
> 壑;而濁溪惡浪割自峰頭,則又水在山上,山在水下矣。

同樣描寫「象渚垂虹」,駢文所寫屬「靜態」的遠景,所寫「高瀉」二字,古
文以層遞筆法從「水在山上,山在水下」到「水在山上,山在水下」,切近賦
物,細寫行程,感性從視覺、聽覺描繪,以「車聲雷激」映襯「集集八景」

〔註7〕倪贊元著,《雲林縣采訪冊》(台北市:成文出版社,1983),頁140~141。劉
　　　麗卿著,《清代臺灣八景與八景詩》(國立中興大學中國文學系碩士論文,2000
　　　年9月),頁55,註102。
〔註8〕柯慶明著,《中國文學的美感》(台北市:麥田出版公司,200年0),頁372
　　　〈從韓柳文論唐代古文運動的美學意義〉。

中的「濁水吼聲」等，〔註9〕更爲生動。

此外，劉良壁書又選定「九九峰」爲「彰化縣八景」之一，景勝名「燄峰朝霞」，俗名火焰山，「匝筍瑤簪，排空無際，有萬芴朝天之象。」道光年間，第二次選定的「彰化縣八景」，「燄峰朝霞」易爲「碧山曙色」，以乾隆間所建的碧山巖寺廟，「每當天微明時，晨色初分，萬山在目，九十九尖如玉筍凌空，蒼茫入畫，極眼界之奇觀。」〔註10〕碧山巖遠望九十九峰晨光，爲勝景奇觀。

棄生早期吟詠臺地風景，曾以康熙年間選定之臺灣府八景爲題。〔註11〕這組「八景詩」的命題、意象及句式多有模仿前人者。如〈東溟曉日〉云：「微光天地白，曙色海山青。」〔註12〕頗似王維〈送邢桂州〉「日落江湖白，潮來天地青。」之意象。又作〈郡試澄臺觀海〉〔註13〕乃五言排律，形式似試帖詩，當是應試之餘戲仿之作。〔註14〕從傳統「八景詩」爲地點，書寫附近易變但很自由的空間，如〈詠碧山四首〉其三、其四：

> 古巖青不盡，一逕入松蘿。隔水秋雲淡，前山曙色多。聽泉詩客坐，
> 踏石野人過。搖指重峰裏，煙鬟綰翠螺。
>
> 駐杖枯巖上，疏林木葉翻。亂山雲到寺，曲水月涵村。人語清溪渡，
> 泉聲靜夜喧。朝來閒眺望，曙色滿平原。〔註15〕

其三寫「碧山曙色」，雲色山光相映，寓寫景於敘事，以美女梳頭靈動生興。首二句對照其餘各句，所謂「前景與背景」。其四首二句寫「堅直與水平」景觀。頷聯用三字二字的句式變化，奇奧景致與末二句平曠景相形，而頸聯一靜一喧，映襯生動。

二、山水人文，映照成趣

自然山水和人文景物映照成趣，尤見於棄生八州之遊。其詩以此展現感性知性，筆力矯健。從紀遊詩文的感性和知性言，輿地之學屬於知性，當化

〔註9〕張永楨著，《集集鎮志》（集集鎮：集集鎮志編纂委員會，1998年），頁931。

〔註10〕李延壁、周璽著，《彰化縣誌》（台北市：成文出版社，1983），卷1，頁12，〈封城・山川〉。卷5，頁159，〈祀典志〉。

〔註11〕劉麗卿著，《清代臺灣八景與八景詩》，頁16。

〔註12〕《寄鶴齋詩集》，頁81。

〔註13〕《寄鶴齋詩集》，頁75。

〔註14〕陳光瑩著，《臺灣古典詩家洪棄生》，頁236～237。

〔註15〕《寄鶴齋詩集》，頁84。

入感性寫景和敘事中，棄生論此筆法云：「輿地之學，不獨經濟家宜明習。」認爲詩人若明於輿地之學，寫景朗如列眉，使情境「逼眞」，詩更動人。如〈西湖廣化寺留題二首〉：

> 長占孤山煙水窩，山門搖漾裏湖波。
> 鐘聲送入棲霞近，雲氣來從葛嶺多。
> 六一泉邊新石壁〔註16〕，三千世外舊金鍋。
> 我來愛此禪樓靜，坐看西泠夜月過〔註17〕。（其一）
> 山色波光佛面收，髯蘇去後我來遊。
> 一方泉水兼湖水，兩畔俞樓又酒樓。
> 西域雲停高座地，東園花落故宮秋〔註18〕。
> 空門不識興亡恨，長共靈巖古寺幽。（其二）

棄生遊西湖廣化寺，言此寺宏廣：

> 香火不盛，樓間落轉清幽，寺中六一泉，古蹟也。蘇公賞其泉，特以歐公爲號，致景仰深懷。泉自地發，長丈有六尺，闊一丈強，淵渟清冷，繚以長石，高宗南巡不見，詩詠六一泉詩三首，今嵌泉上石壁，泉與寺亦孤山之勝。右爲俞樓，左爲酒樓，俞曲園與彭剛直爲姻，往來孤山，酒樓今名樓外樓，俞樓本寺地，酒樓爲寺產。

俞樓是清末學者俞樾（字蔭甫，號曲園，1821～1906 年）的別墅。棄生詩第一首近於王國維所謂「以我觀物」。「以我觀物」是用我的想法來定義。棄生詩第二首近於「以物觀物」，「以物觀物」誠如學者廖炳惠所說，則自我溶入渾一的宇宙現象裏，化作眼前無盡演化生成的事物整體的推動裏，去「想」，就是去應和萬物素樸的自由興現。〔註19〕

　　民國十一年（1922 年），日本作家芥川龍之介也有一趟中國旅遊。芥川龍之介遊西湖時，也一遊俞樓，見彭玉麟（彭剛直）爲俞樾畫的梅花圖。牆上又掛滿朱熹（1130～1200 年）、何紹基（1821～1850 年）。等人的各式拓本。一如洪棄生行程，芥川乘船過跨虹橋，賞西湖十景之一的曲院風荷。芥川云：

〔註16〕作者註：「寺有東坡所名六一泉重立御詩石。」
〔註17〕編者按：「夜月過」，省文獻會全集本脫「夜」字，今據原稿甲本補。
〔註18〕作者註：「寺左右俞氏樓及樓外樓酒館。公園，即故行宮。」
〔註19〕廖炳惠著，《解構批評論集》（台北：東大圖書公司，1995 年 10 月），頁186。

「有玉帶橋，迤南一短隄，西至花港，有定香、通濟二橋，爲『花港觀魚』一景。」玉帶橋青青，長滿青苔。〔註 20〕靈隱寺前有飛來峰，據說乃天竺的靈鷲山飛來此地。寺有五百羅漢塑象。寺附近有一石橋，芥川形容「橋下流水，如鳴珮環。兩岸皆幽竹，翠色帶雨，幾近媚人，此乃王石谷之畫境乎？」〔註 21〕棄生〈遊靈隱山寺觀飛來峰探峰洞步各亭澗入寺後登北高峰次韜光菴觀江海及湖二十韻〉云：

> 環湖皆好山，最是靈隱秀。後矗北高峰，前結飛來竇。繞寺山水幽，巉嶵山門右。山泉落琤琮，樹根蟠透漏。聞道雲雨興，常有雷霆鬥。澗聲搖天風，瀑流出石溜。洞中一線天，天半百層岫。咫尺分乾坤，曲折現昏畫。行到冷泉亭，遍看雲峰皺。入寺挹慧光，金身十丈殼。五百護尊者，重重如列宿。禪房雲氣多，經樓山嵐湊。爰登寺後山，高峰凌霄宙。古樹若飛龍，眾石皆臥獸。徘徊四山低，南峰可俯就。復到觀海亭，江海入袍袖。此行遍江南，湖山盡停留。此境良未逢，高奇兼秀透。山連上天竺，嶺眞古靈鷲。澹蕩寺門前，湖光浮綺繡〔註 22〕。

西湖十景之一的「三潭印月」，棄生云：

> 潭中築墩立亭榭，間斷處以橋聯屬之，亭分數處，橋三十六折，分隔湖水爲三，故曰三潭，是時夕陽初下，明月已升，三潭如千頃琉璃，各亭館彫鏤玲瓏，彷彿水晶宮。」宋之問（延清）在靈隱寺作對江觀海詩，「鷲嶺鬱岧嶢，龍宮鎖寂寥。」屢吟不就，一老僧續之曰：「樓觀滄海日，門對浙江潮。」老僧即駱賓王，事見《唐詩紀事》。

考證宋、駱二人生平，此事純屬虛構，並非事實。原詩有「捫蘿登塔遠，刳木引泉遙。」棄生譽爲此地「佳實景語」。韜光庵因有此觀海故事，乾隆六年御題「雲澄日觀」額。棄生詩云：「復到觀海亭，江海入袍袖。」指此。「此境良未逢，高奇兼秀透。」指飛來峰等太湖石。

「山泉落琤琮，樹根蟠透漏。」指「靈隱冷泉」。楊萬里（1127～1206 年）〈題文發叔所藏潘子眞水墨江湖八境小軸〉的八景即「洞庭波漲」、「武昌春

〔註 20〕《八州遊記》，頁 289～298。芥川龍之介著，《中國遊記》，頁 81～106。
〔註 21〕芥川龍之介著，陳生保、張青平譯，《中國遊記》，頁 31～61。
〔註 22〕作者註：「十月十三夜。」

色」、「廬山霽色」、「海門殘照」、「太湖秋晚」、「浙江觀潮」、「西湖夏日」、「靈隱冷泉」。

此外，宋代曹勛（1098？～1174年）〈題俞撝畫八景〉即「浙江觀潮」、「鑑湖垂釣」、「吳松秋遠」、「廬山霽色」、「海門夕照」、「赤壁扁舟」、「鄂渚晴光」、「瀟湘雨過」。「浙江觀潮」指錢塘江入海處，有龕、赭二山，南北對峙如門，名海門山，在杭州錢塘江入海處。水被夾束，每逢潮汛，如萬馬奔騰，蔚為奇觀。《西溪叢語》卷上：「（浙江）夾岸有山，南曰龕，北曰赭，二山相對，謂之海門，岸狹勢逼，湧而為濤耳。」洪〈將遊浙東至錢塘江待渡望見蕭山及龕山赭山〉云：

> 南出鳳山門，東至錢塘渡。錢塘江水闊，淼如黃浦路。黃浦江水深，
> 綠過錢塘樹。一水分三江，亦如吳淞注。火舟帶篷舟，循還江上遇。
> 漸江浩浩波，海上濛濛霧。欲望龕赭山，江流去如鶩。聞說兩山間，
> 滄海已非故。潮頭向海寧，山移岸上住。瀕海山有無，隔岸山無數。
> 蕭山眾峰青，臨江似爭度〔註23〕。

此詩寫景有近於白居易者，白七言律詩〈江樓夕望招客〉云：「海天東望夕茫茫，山勢川形闊復長。燈火萬家城四畔，星河一道水中央。風吹古木晴天雨，月照平沙夏夜霜。能就江樓銷暑否？比君茅舍校清涼。」於長慶三年（823年）夏杭州刺史任上作。詩寫夏夜望海樓上遠眺杭州此一江城夜色。蘇軾曾盛讚白居易「晚年詩極高妙」，並舉「風吹古木」一聯為例說：「此少時不到也。」（趙與時《侯鯖錄》卷七）《唐宋詩醇》卷二五評此詩，也說：「高瞻遠矚，坐馳可以役萬景。他人有此眼力，無此筆力。」景觀從闊處、高處寫起。棄生則寫闊處、深處，末用擬人筆法寫景。

元順帝至正四年（1344年），六十五歲的畫家吳鎮描繪其浙江嘉興的「嘉禾八景圖」，即「空翠風煙」、「龍潭暮雲」、「鴛湖春曉」、「春波煙雨」、「月波秋霽」、「杉閘奔湍」、「胥山松濤」、「武水幽瀾」。吳鎮自題「得勝景八，亦足以梯瀟湘之趣。」衣若芬認為「瀟湘八景」，即北宋文人宋迪所創造，八景即「山市晴嵐」、「煙寺晚鐘」、「漁村夕照」、「遠浦帆歸」、「瀟湘夜雨」、「平沙雁落」、「洞庭秋月」、「江天暮雪」。此中惟「洞庭秋月」和、「瀟湘夜雨」指出特定的定名，其餘六景皆為常見的世事與自然風光，因而便於挪用於各地，各地均能夠依循『瀟湘八景』，以四字一組的模式，將其可覽可采之景組合為

〔註23〕作者註：「十月既望午下。」

當地的『八景』或『十景』，『嘉禾八景』也不例外。」〔註24〕因此，棄生遊此，〈自杭回車遊嘉興郡城〉云：

> 一城臨檇李，南有鴛鴦湖。下車入城市，不能比姑蘇。雖有煙水閣
> 〔註25〕，不可望杭都。家家有水閣，臨水差可娛。逢人問倅廨，花
> 月亭已蕪〔註26〕。宣公有宅址，東坡有堂隅。再訪劉伶墓，先見長
> 史朱。聞道秀州酒，月波樓已孤。且嗜嘉興菜〔註27〕，有蝦無蓴鱸。
> 我欲泛湖去，繞城惟半途〔註28〕。

詩敘檇李名勝古蹟。吳王闔閭五年，以越不從伐楚，南伐越，敗越，破檇李，地在嘉興南，此吳始用師於越。此《左傳・昭公三十二年》事。吳王夫差二十年，越王勾踐與吳戰於檇李，吳師大敗，自此一蹶不振。〔註29〕棄生遊嘉興煙雨樓，見許亭中四壁函南湖八景畫、八景詩及秦瀛（字凌滄，號小峴，江蘇無錫人，乾隆三十九年舉人，官至刑部右侍郎。1743～1821年）的煙雨樓詩。〔註30〕棄生詩寫嗜嘉興菜，幽默說：「有蝦無蓴鱸」，懷想張翰風流。

「鑑湖垂釣」的鑑湖又名鏡湖、長湖、慶湖，在今浙江紹興會稽山麓。得名於王羲之「山陰路上行，如在鏡中遊」之句。〈由清江入鏡湖行山陰會稽道〉云：

> 一路山水佳，重重復〔註31〕疊疊。舟行鏡湖中，左右難應接。鏡
> 湖明若鏡，山山舒笑靨。誰謂冬山睡，對鏡何妥貼。鏡屏既玲瓏，
> 山屏益蘢蔥。朝霞及暮靄，變幻入晴空。一轉開一面，百疊丹青現
> 〔註32〕。一水澂玉匲，千峰展畫扇。有時似新妝，來俯鑑湖傍。
> 日行山陰道，日為看山忙。更望會稽山，搖曳若耶水。越山何其多，
> 半入長湖裏〔註33〕。

山陰道上風景如東晉顧愷之所謂雲蒸霞蔚，應接不暇。詩用類疊、擬人筆法，山水相映宛如婦女臨鏡照鑑，玲瓏新妝；又似百疊丹青，日為看山忙。

〔註24〕衣若芬著，〈「江山如畫」與「畫裡江山」—宋元題「瀟湘」山水畫詩之比較〉。

〔註25〕編者按：「閣」，省文獻會全集本誤作「閣」，今據原稿甲本改正。

〔註26〕編者按：「蕪」，省文獻會全集本誤作「矣」，今據原稿甲本改正。

〔註27〕作者註：「肴菜標多名『杭嘉湖』。」

〔註28〕作者註：「二十夜。」

〔註29〕趙曄撰，《吳越春秋》，頁 45、83。

〔註30〕《八州遊記》，頁 314。

〔註31〕編者按：「復」，省文獻會全集本誤作「正」，今據原稿甲本改正。

〔註32〕編者按：「現」，省文獻會全集本誤作「見」，今據原稿甲本改正。

〔註33〕作者註：「十七夜。」

第二節　一長擅勝，微體皆具

明末徐宏祖（字振之，號霞客，明代南直隸江陰（今江蘇省江陰人，1587 年 1 月 5 日～1641 年 3 月 8 日）曾經遊福建省九漈，由田家鄉啟程，時在明光宗泰昌元年（1620 年）端午節後一日，正是楓亭荔枝新熟之時。他的遊記說：

> 蓋水乘峽展，既得自恣，其旁崩崖頹石，斜插爲岩，橫架爲室，層疊成樓，屈曲成洞；懸則瀑，環則流，瀦則泉；皆可坐可臥，可倚可濯，蔭林木而弄雲煙。數里之間，目不能移，足不能前者竟日。
> 每下一處，見有別穴，必穿岩通隙而入，曲遠旁疏，不可一境窮也！
> 若水之或懸或渟，或翼飛疊注，即匡廬三疊、雁宕龍之秋，各以一長擅勝，未若此山微體皆具也。〔註34〕

風景有一長擅勝者，未若九漈微體皆具。棄生於光緒十九年癸巳（1893 年）陰曆七月，至福州應試，初由晉江，行四百里，五十餘程，首尾五日，入福州。民國十二年（1923 年）重遊福州，〈閩中雜詠五首〉其中四首云：

> 當年獻賦入閩中，一路朝霞映海紅。
> 葉葉舟浮興化渡，迢迢橋過洛陽風。
> 瀨溪山水明如繡，夾漈雲煙淡不空。
> 底事長安花落盡，至今羅隱在江東。（其一）
>
> 遠峰如黛水爲妝，護專承平驛路長。
> 蒜嶺鳥啼松樹綠，楓亭馬馱荔支香。
> 半樓明月梅妃里，一拂清風鄭俠鄉。
> 今日青山無恙在，不堪蕭瑟送殘陽。（其二）
>
> 客裏歌中聽鷓鴣，客程煙景不模糊。
> 山看紫帽兼黃檗，峽渡烏江到白湖。
> 兩岸芳柑千手佛，一溪帝橘萬頭奴。
> 果然閩地家家玉，又見湯泉輞水圖。（其三）
>
> 八閩名勝不勝誇，埭路楓林似晚霞。
> 文甫山開文甫菊，武夷峰種武夷茶。

〔註34〕徐弘祖著，朱惠榮校注，《徐霞客遊記校注》（昆明市：雲南人民出版社，1985 年 6 月第一版），頁 43～48。

冬郎學士名賢跡，周朴詩人處士家。

同是亂離如〔註35〕昔夢，可堪流落在天涯。（其四）

其一、其二、其三寫當年所遊歷之處，其四寫武夷山。他說：

> 初由晉江縣歷惠安縣，宿錦田驛，越日過白水至仙遊縣五里亭，過此爲楓亭，爲瀨溪，皆勝地也。楓亭以荔名天下，曹蕃、蔡君謨皆采入譜，乾隆時尚有城寨，今廢。自驛亭一望，山水皆佳，再至瀨溪橋尤佳。瀨溪出永春，至興化東南入海，夾橋多好山，橋下多來往舟，橋石美麗，宋郡人陳魏公俊卿建也，去此北數十里有九漈九鯉湖，爲閩中名勝，過長嶺，宿興化府城南，越日至興化渡口，水甚汪洋，昇夫至此，必索舟行，應試之舟，多如群鳧，舟所過稱二十七橋，余數之不悉符，中間過魏塘，爲大市鎮，人家擁水起樓閣，是日舟到涵頭（宿此與否，今不記得。）涵頭亦稱涵江頭，爲莆田縣東北境，皆興化所匯水，涵江有巡司。

古文詳於敘事，其一詩以頷、頸二聯描繪美景名勝，琅琅可誦。其二「楓亭馬馱荔支香」，他說：

> 越日由涵頭過帽山至江口，是爲迊江口，興化上下之水，由此出海，海口宏闊，北有海壇島，南有南日島，有湄洲島，海壇入民國置平潭縣，其大六百里，十倍於廈門，三十倍於湄洲，唐爲牧馬地，有湖三十六派，宋時決入海，明世倭陷興化，即泊此以登岸，江口名產，以江瑤柱者與楓亭荔支稱雙絕，過者無不購食。江口橋亦長，元時創立，名龍津橋，因郡東寧海鎮，又名寧海橋，地爲莆田縣，有莆陽驛，有江梅妃村，有鄭樵夾漈山，北界福清。越日過仙嶺，又過蒜嶺，蒜嶺上望見東海，而照海亭已毀，惟荒寨尚存，是夕宿漁溪驛店，漁溪旅舍最軒爽，過者恆題詩，羅穀臣（大佑，曾令閩縣、晉江。）詩尤多，越日過回頭山，過漁溪石橋，漁溪合福清迊江，南流至興化東北五十里迎仙港入海，然不及瀨溪之大，又過太平岡，過石磨口，皆福清縣路。是日路上流水潺溪，水田如臺灣，聞有陂塘二百五十餘，而開自唐時，黃檗僧者最古，晚過鄭介公故里，有巨碑立路傍，公名俠，字介夫，爲監門時，急遞上流民圖，觸王安石忌，編管英州，以一拂歸，嘉定中賜諡介，故里傍山，山水亦可仰，是夕宿大田驛，其宏路驛西

十里，有石所山，與仙遊之鯉湖山並稱名勝，惜不能至，越日行閩縣大田驛路，過烏龍江，亦名峽江，江流湍大，下流為陶江，注入馬江，與洪江有東西峽之稱，舁夫至此，又索舟行，乃自峽江北僱舟，入白湖，兩岸遍栽綠橘，亭亭可愛，舟行其間，如入武夷一曲，至白湖亭，來轎入福州。〔註36〕

興化，明代置府，地在福建省，故治在福建省莆田縣。清代管轄莆田、仙遊二縣。瀨溪，一作大溪，源出福建省德化縣，經仙遊、莆田東入海。〔註37〕九漈九鯉湖，為閩中名勝。九鯉湖在福建省仙遊縣東北約十三公里。相傳漢武帝時，有何氏九仙在此騎鯉升天，故名。湖在萬山之巔，瀑布分九漈。徐霞客當年遊畢此地，過蒜嶺驛，到了魚溪（又作榆溪），在今福建福清市南境公路邊。又過石所山，岩石最勝。閩有「春遊石竹，秋遊鯉湖」語。可參證棄生旅程所見。至於黃檗僧，應指唐代僧人黃檗希運（活躍於唐宣宗大中年間 847～859 年），閩人，幼投高安黃檗寺出家。〔註38〕羅隱（字昭諫，唐末餘杭人）工詩，尤長詠史，惟性傲多諷，故屢舉不第。〔註39〕宋鄭樵，經學家，居夾漈山，人稱夾漈先生。其二頷、頸二聯意象明麗爽利。

棄生遊閩，筆下風景不僅僅「一長擅勝」，如其三「山看紫帽兼黃檗，峽渡烏江到白湖。」其四「文甫山開文甫菊，武夷峰種武夷茶。」也如徐宏祖遊九漈九鯉湖，以「微體皆具」的特色寫景物窈窕，如「瀨溪山水明如繡，夾漈雲煙淡不空。」「蒜嶺鳥啼松樹綠，楓亭馬馱荔支香。」

用「微體皆具」的特色寫景物窈窕如〈濟南雜詠八首〉其一、二、四、五、六云：

徂徠岱嶽路崚嶒，一入齊州覿薛滕。

昨夜固山山下路，遠林先見濟南燈。（其一）

歷亭檻外歷山嵐，山色波光一鏡涵。

湖北城西搖畫舫，蘸城秋水似江南。（其二）

曾公去後我重來，濟下西湖畫裡開。

船向百花橋畔過，迴頭不見百花臺。（其四）

〔註36〕《八州遊記》，頁 324～325。
〔註37〕顧祖禹著，《讀史方輿紀要·福建》。
〔註38〕聖嚴法師編著，《禪門驪珠》（台北：圓神出版社，1991），頁 176。
〔註39〕劉昫撰，《舊唐書》（台北：鼎文書局，1980 年 3 月），卷 24，頁 94。

遺山三日看難得（遺山候金線泉不發），

我見金繩與玉繩。更覓玉泉連玉塔，祇餘碑下柳層層。（其五）

濟南山水燕南冠，最古湖陂歷下亭。

湖上鵲華兼歷阜，重重煙景壓波青。（其六）

濟南市爲山東省省會，全省政治、經濟、文化中心。〔註40〕由固山望濟南，古稱歷下。齊州之徂徠、岱嶽，一路行來，道路崚嶒。歷下亭外歷山多嵐。山色波光映於大明湖。搖船遊湖，湖如鏡涵，神似江南。大明湖中泛舟，可望見百花橋，橋畔百花臺，爲曾子固常登處，時餘一土阜。元遺山曾候金線泉三日而泉不發，棄生來時立見之，以此可傲前賢。又見一碑鑴「漱玉泉」，碑旁楊柳蕭蕭。此因宋代女詞人李清照（號易安居士，山東濟南人，1084～約1156年，著有《漱玉詞》）而後人以此紀念。濟南山水誠燕南之冠，城中趵突泉流入大明湖，流注華不住山下，匯爲鵲山湖。〔註41〕「重重煙景壓波青」，用「壓」字，形容柳深煙濛，宛如江南煙景，可謂「微體皆具」，如一微型皆具的江南山水。

第三節　浩落婉麗，樂府竹枝

棄生詩有浩浩落落如民間歌謠，風格本自樂府竹枝，婉麗動人。如他遊南京長干里、長干橋，記其地云：

過夫子廟，廟制宏大，而氣象黯然，蓋自革命後，斯文不振，故廟中典守，零落不堪，惟廟前街市茶館飲食棚，尚繁盛。自此又轉數處樓市（南京街如北京，多以牌樓爲名，樓乃一木坊耳。）而至南門大街，街甚盛，直至南門外大街尤盛。南門外街即古長干里，〈吳都賦〉所謂「長干延屬」，古樂府所謂〈長干行〉是也。《文選》註江東，謂「岡壠間曰干」，《韓詩》「考槃在干」，註謂「地下而廣曰干」。《毛詩》「秩秩斯干」，其下句即「幽幽南山」，蓋亦山壟間平地之義。大長干、小長干，自古特著，故李白、李益、崔顥並盛歌〈長干行〉之詩。今街中之坊，大署「長干橋」，橋處已砌爲大路。橋南北一直大街，左右橫貫兩小街，想古時兩小街即河道流入里中著

〔註40〕中國地圖出版社編，《新世紀中國地圖冊》（北京：中國地圖出版社，2001年1月第1版），頁72。

〔註41〕《八州遊記》，頁204、210、211。

（者？），故〈長干行〉有愁水愁風、沙頭風色、家臨江水等句。今
雖敷石路，其下水道，猶彷彿可見。其地古在建業城南三里，或作
五里，今則與城相屬。宋曹彬下江南，登長干，望金陵，遂進軍，
即此。長干橋西，古有越城，亦名范蠡城，今無城跡。街中有古報
恩寺，即唐以前長干寺。清初報恩寺，規制甚大，亦有高塔，今為
兵燹後重建者，既不如前，亦無塔矣。由此迤邐行，街盡而接兩道，
直上雨花臺。〔註42〕

南京明城牆建於元末至正二十六年（1366 年），成於明洪武十五年（1382
年）。〔註43〕試觀今南京城城南門為旅遊勝景，城寬而雉堞崢嶸，為明朝初年
太祖朱元璋雄立之屏障，登城南望，南京城外原隰平壤，北望長江，東踞山
嶺，城衛其南，實龍蟠虎踞之古都。「干」乃岡壠間地下而廣者，大長干、小
長干古在城南，今則與城相屬。

〈長干曲〉為樂府民歌，多兒女言情之作。如崔顥寫了〈長干曲〉兩首
模仿民歌，其一云：「君家何處住？妾住在橫塘。停船暫借問，或恐是同鄉。」
以男女贈答的方式寫成，先寫少女的問話，再寫男子回答：「家臨九江水，來
去九江側。同是長干人，生小不相識。」在異地相逢，偏問故鄉事，往來長
干，彼此如同鄉人，情味盎然。洪遊南京，詩仿樂府者，如〈莫愁湖曲〉，此
地：

莫愁湖，城西勝境也，在漢西門外，有徐中山故蹟，二十五日點，
乘馬車出遊，輿夫取捷徑出水西門，門四重，城郭亦厚，又名三山
門，市樓開閎，一望聳目，亦南京菁華處，南京街衢盛況，首下關，
次水西門內街，次即南門長干里，次乃花牌樓。出西門行里許，至
莫愁湖，入門為勝棋樓，相傳明太祖睹棋，因以湖酬中山者，即此
處也，今管湖產者尚為徐姓子孫，湖水通江，即古南塘，亦名橫塘，
崔顥樂府所云「君家住何處，妾住在橫塘」者矣，勝棋樓高聳可觀，
然讀乾隆時李松雲（堯棟）「怪底冶春人不到，僧樓半是劫灰餘」之
詩，則後來乙樓，蓋遠不如從前之麗，樓下前廳，懸中山王像，屏
後懸盧莫愁像，為同治辛未單松再摹，所謂「英雄兒女各平分」者
也。莫愁湖在樓北，實樓後，時殘荷尚滿水面，不似玄武湖之大，

〔註42〕《八州遊記》，頁 40～42。
〔註43〕李兆群著，《品讀水之韻——江南古鎮》（香港：萬里書店，2008 年 3 月），頁 65。

亦不似玄武湖之荒，樓右一庵，即華嚴庵，內爲鬱金堂，舊時庵裡
勝碁樓，殿宇堂閣數十間，乾隆時焚燬後，李太守重建，已不如前，
然樓前尚有古松柏、梅樹、棠花，湖心尚有四垂亭繞楊柳，今庵又
及乾隆時矣，庵右壁今嵌黃山洪澤周大字，左壁同治癸酉張勝藻書
梁武帝河中水詩，樓更右爲曾公閣（文正閣，亦南向，湖在閣後。），
閣北及西皆環湖，較勝碁東倍雄偉，兩畔長廊，南接荷池，池南又
建樓，登閣兩面望湖，兩面遠山，又湖上勝境也。

余按徐魏國佐創有明天下，而乃區區與女子爭一湖，曾文正締造有
清江南，亦復來占此一角湖山，何所見之不廣，豈英雄賢豪有所未
足，尚須附兒女子裙釵也耶！抑亦誠不以富，亦祗以異之不可得而
易耶！湖在春夏時，盛時遊艇，余來在涼秋，無由挹衣香鬢影矣，
莫愁藕與西子湖藕，並一時，余亦未能免俗，喫一杯而去。

棄生〈莫愁湖曲〉云：

湖邊楊柳樹，湖上芙蓉花。石城橫塘路，云是莫愁家。湖碧花逾香，
花紅水猶膩。將波作鏡奩，想見莫愁媚。頭有蘇合香，居有鬱金堂。
河水向東流（本梁武詩），湖波自夕陽。送歡下揚州（本古樂府），
吳頭復楚尾。一日湖上心，千古秦淮水。湖上有高樓，有子名阿侯。
輸與中山王，天子亦無愁。

詩仿南朝樂府民歌，語言質樸清新。〈西曲歌〉名有〈莫愁樂〉，因石城女
子莫愁善歌謠，因有此歌。梁武帝〈河中之水歌〉有「河中之水向東流，
洛陽女兒名莫愁。」石城在今湖北鍾祥，後人訛莫愁舊居在南京。〔註44〕
「湖碧花逾香」四句，虛實映襯，善用比譬。「送歡下揚州，吳頭復楚尾。」
隱然有思婦「愁風復愁水」之情。末以明太祖睹徐達棋局，黑白子巧排「萬
歲」二字，以釋太祖猜忍之隱衷。中山王知見機避讓，使天子無憂功臣反
側，乃賜與此湖。所謂「英雄兒女各平分」者也。〔註45〕詩中「湖邊」、「湖
上」、「湖碧」以及「莫愁」等均屬類疊。「頭有」二句排比，回旋往復，情
思宛轉。

清初詩人朱彝尊於康熙十三年（1674 年）旅食潞河（今北京通州以北的
運河），言歸未遂，爰憶土風，寫了大型組詩〈鴛鴦湖棹歌一百首〉，描寫家

〔註44〕溫洪隆、溫強注譯，《新譯樂府詩選》（台北：三民書局，2010），頁 259。
〔註45〕《八州遊記》，頁 48。

鄉浙江嘉興鴛鴦湖（今稱南湖）風光。詩云：「百尺紅樓四面窗，石梁一道鎖
晴江。自從湖有鴛鴦目，水鳥飛來定是雙。」〔註46〕採用樂府民歌回旋反復
的類疊手法，形容山重水複者，如棄生〈鴛鴦湖曲〉云：

> 苕溪青，雪溪綠，流作鴛鴦湖一曲。湖水注天星，溪流出天目，鴛
> 鴦湖匯華亭谷。鴛鴦湖光如鏡奩，鴛鴦湖水如碧玉。鴛鴦湖長百里
> 強，鴛鴦湖闊七里弱。采菱采蓮何處歸，船去船來向南郭。湖上無
> 山堆鬢鬟，湖中有波解連環。長水塘邊人盪槳，餘不溪頭風送還。
> 南湖水接范蠡湖，曾載西施至姑蘇。女兒最愛鴛鴦好，湔裙水濺鴛
> 鴦襦。

此詩首二句排比，連疊用「鴛鴦湖」三字者共五句。「鴛鴦湖光」二句，及「鴛
鴦湖長」二句皆排比句。「采菱采蓮」、「船去船來」又用類疊句。「湖上」、「湖
中」，「無山」、「有波」，排比類疊又有對偶。後半「長水」二句對偶，「南湖」
二句意連貫而下。末二句類疊「鴛鴦」而意亦相連。形式齊整，文字活潑，
層層鋪寫，「婉轉纏綿，語摯情真。」〔註47〕深得樂府要旨。乘舟遊此地煙雨
樓，他說：

> 西湖中撐船無婦女，此處均係婦女。船艙美潔，櫂女多時式妝；老
> 櫂婦穿衣及裙，均古裝；嘉興驛見婦女，多秀而雅妝。〔註48〕

棄生〈鴛鴦湖曲〉云「女兒最愛鴛鴦好，湔裙水濺鴛鴦襦。」可謂即景生情。
又云：「長水塘邊人盪槳，餘不溪頭人送還。」二句即目書事，情思蕩漾頗似
李白〈越女詞五首〉其二：「吳兒多白皙，好為盪舟劇。賣眼擲春心，折花調
行客。」〔註49〕又如〈鏡湖曲〉云：

> 鏡湖水，四邊青。遠可達，近可停。七十二溪為一泓，三十六灣灣
> 灣行。舟出禹王陵，遂至會稽城。迴首若耶溪，已去樵風涇。出城
> 晚過雲門山，乘風急至古蘭亭。徘徊曲水流觴路，躑躅千巖萬壑程。
> 明月夜渡曹娥江，微雪人訪剡溪籐。我自西湖來，遠向鏡湖去。錢
> 塘一望海門潮，蕭山復見湘湖曙。鏡湖灣又灣，梅市及柯山。我來
> 空見浣紗石，不見西施采蓮還〔註50〕。

〔註46〕 王英志注譯，《新譯清詩三百首》，頁 304。
〔註47〕 《寄鶴齋詩話》，頁 38。
〔註48〕 《八州遊記》，頁 314。
〔註49〕 李白著，瞿蛻園等校注，《李白集校注》（台北：里仁書局，1981），頁 1498。
〔註50〕 作者註：「十九夜續昨夢中句。」《八州詩草》，頁 100。

鏡湖據學者郁賢皓注譯：「鏡湖在今浙江紹興會稽山麓。得名於王羲之『山陰路上行，如在鏡中遊』之句。又名鑒湖、長湖、慶湖。東起今曹娥鎮附近，經郡城（今紹興）南，西抵今錢清鎮附近，盡納南山三十六源之水瀦而成湖。周三百一十里，呈東西狹長形。唐朝時湖底逐漸淤淺，今唯西南尚有一段較寬河道被稱爲鑒湖，此外只殘存幾個小湖。據《新唐書・賀知章傳》，賀知章還鄉時，皇帝『有韶賜鏡湖剡川一曲』。」剡溪據《元和郡縣志》卷二六，江南道越州剡縣：「剡溪，出縣西南，北流入上虞縣界爲上虞江。」在今浙江嵊州南。即曹娥江上游諸水，古通稱剡溪。剡，今浙江嵊州縣及新昌地。〔註51〕

若耶溪在紹興南，北流入鏡湖。春秋時越王元常（一作允常）使歐冶子造劍五枚，以示薛燭，薛燭稱許歐冶子所鑄寶劍湛盧曰：「赤堇之山已合無雲，若耶之溪深而莫測。」若耶溪在會稽南，溪傍赤堇山，一名鑄浦山，即歐冶子鑄劍之所。《戰國策》所謂「涸若邪而取銅，破堇山而取錫。」〔註52〕郭茂倩編《樂府詩集》，所收吳聲歌曲，如〈子夜歌〉、〈懊儂歌〉，皆出自江南，本爲徒歌，既而被之管絃。吳歌傳唱於長江三角洲和太湖流域。〔註53〕

洪氏遊若耶，則引李白〈子夜吳歌四首〉其二云：「鏡湖三百里，菡萏發荷花。五月西施採，人看隘若耶。回舟不待月，歸去越王家。」〔註54〕李白〈越女詞五首〉其五云：「鏡湖水如月，耶溪女如雪。新妝蕩新波，光景兩奇絕。」〔註55〕張健析賞此詩云：「鏡湖、耶溪，文字本身即有一種對應的美感，而女、雪與水、月之間，亦有一種異體同類的旋律。」〔註56〕以此篇論點視棄生〈鏡湖曲〉，即以江、雪、鏡、月等意象組成詩篇，句式以七字爲主，雜以三字、五字句，配合轉韻，融入水程地名，末句目擊浣紗石而懷想西施，筆調空靈。

第四節　賦筆駢句，鋪張雕繪

清末爲歷代文學體製集成期，許多作家往往從會通體製來變格求新，例

〔註51〕李白著，郁賢皓注譯，《新譯李白詩全集》（台北：三民書局，2011 年），頁757。
〔註52〕趙曄撰，《吳越春秋》，頁 45。
〔註53〕石琪文編，《吳文化與蘇州》，頁 523。
〔註54〕《李白集校注》，頁 451。
〔註55〕同前註，《李白集校注》，頁 1499。
〔註56〕張健〈李白的五絕〉，《中國古典詩新論》（台北：五南圖書公司，1996），頁 35。

如寶廷（姓愛新覺羅氏，字竹坡，號偶齋。1840～1890 年）以詩名家，詩作如〈西山紀遊行〉長二千九百二十一字，「體兼遊記、古賦而用之，志在紀實。」乃視文、詩、賦三者爲一，取古文紀實、賦體鋪排之特色，變化詩體，開拓紀遊詩的新境。〔註 57〕詩和賦的關係非常密切，唐代律賦在押韻和句式上亦頗接近詩。

左思〈三都賦序〉云：「班固曰：『賦者，古詩之流也，先王采焉以觀土風。』……然相如賦〈上林〉而引盧橘夏熟，揚雄賦〈甘泉〉而陳玉樹青蔥；班固賦〈西都〉而歎以出比目，張衡賦〈西京〉而述以遊海若，假稱珍怪，以爲潤色；若斯之類，匪啻于茲。……余既思摹〈二京〉而賦〈三都〉，其山川城邑，則稽之地圖；其鳥獸草木，則驗之方志。風謠歌舞，各附其俗；魁梧長者，莫非其舊。何則，發言爲詩者，詠其所志也。升高能賦者，頌其所見也。美物者，貴依其本；讚事者，宜本其實。匪本匪實，覽者奚信。且夫任土作貢，〈虞書〉所著；辨物居方，周易所慎。聊舉其一隅，攝其體統，歸諸訓詁焉。」左思認爲古賦中的珍怪之物，可潤色文采。其作〈三都〉，思摹〈二京〉，徵考風俗，詢諸故老；驗以方志，稽核地圖。因而賦中所本所美所讚者，有本有實。所以賦寫物誌，可徵信風土民情，有博物功能；詩賦同流，而賦更別具歷史鑑察諷諭之義，以及地理辯物居方之效。〔註 58〕

以賦具歷史鑑察諷諭之義，以及地理辯物居方之效，試論棄生紀遊南投山水詩文。現今南投縣行政區，在日治時期明治三十四年（1901 年）首度成爲一獨立行政區，名爲南投廳。明治四十二年（1909 年）全台行政區調整，南投廳之轄區因之而擴大，其轄區幾與現之南投縣相當。〔註 59〕

棄生自清末任草屯登瀛書院山長的作品〈九十九峰歌〉、〈遊碧山歸書齋〉、〈詠碧山四首〉等詩，收於乙未年以前所作之《謔蹻集》，又有律賦〈九十九峰歌〉。日治時期大正四年（1915 年），他偕親友遊日月潭行程，由名間經濁水、隘寮，越草嶺腳，再經集集街、玉映、八張、柴橋頭、大坪、油車坑、水里、抵魚池。日治初期，日人於此段道路設輕便軌道。〔註 60〕氏乘輕

〔註 57〕寶廷著，轟世美校點，《偶齋詩草》（上海市：上海古籍出版社，2005），頁 567～584。

〔註 58〕蕭統編，《文選》（台北：藝文印書館，1983 年 6 月 10 版），頁 641、652、75～76、114。

〔註 59〕張勝彥纂修，《南投開拓史》（南投縣：南投縣政府，1984），序文及頁 169。

〔註 60〕張永楨著，《集集鎮志》（集集鎮：集集鎮志編纂委員會，1998），頁 763。

便軌道台車，中途遇雨潦，改乘轎抵達。氏作品有古文〈游珠潭記〉、駢文〈游珠潭記〉，以及五言古詩、七言歌行、律、絕等，篇什約四十首。以賦的筆法入詩如〈遊珠潭嶼放歌〉：

> 揚子金焦不易求，攜兒姑作珠潭游。豈知海嶠多奇境，深山積水山更幽。我來看盡千山色，不爲珠潭游亦得。山門瞥過獅象青，峰頭遙指龜蛇黑（獅、象、龜、蛇，四山名，皆係道中所見。）來時濁溪山戔戔，溪南山比溪北多。離奇或隱衡嵩霧，斷續如浮滄海波。蜀溪一深不見底，兩岸萬峯插天起。遠峯點雪白還蒼，近峰翕霞紅帶紫。濁浪湧自萬山中，群龍昂首西復東。四山瀑布從空落，中流百練隨長虹。蜿蜒路上鳳山頂（即土地公案山別名），長流如線天如井。危磴疑旋七盤關，峻坂下視萬松嶺。行山百里山東南，越山望見龍湫潭。四面青巒屏風列，一泓白水雲天涵。聯山爲坳置大鏡，鏡心圓珠浮不定。波平環放獨木舟，流遠遠尋菱花柄。登嶼四顧天蒼然，面面奇峯點點煙。山靈到此盡雄放，南奔直與玉山連。東望秀姑巒，北望合歡山（合歡大山距此八十餘里）。有客能登北窟巔（北窟在潭南畔），海上蓮峯一一在眼前。吁嗟乎！臺海滄桑已久變，雲山乃有舊容面。兒曹攜得王維筆，摹寫詩情畫本入吳絹。他時若作中原行，洞庭君山不徒羨。山靈笑我未必然，蔽海牢山今已遍。五嶽惟應付臥遊，渺渺湖山夢中見。〔註61〕

此詩山、水二字以及同部首的字屢見迭出，堆疊同部首字形和相似字義的手法近於辭賦。「危磴」句用對偶句。「波平」以下四句亦然。珠嶼喻如鏡心圓珠，流沔觀照，末段因而自嘆如處牢籠，遮蔽於山海而不得越出國境。想落天外，蓮峯比喻山水如高壯悠淨的天啓。思極入夢，神遊故國。則「離奇」等句的中原山水，彷彿思望故國過久而產生的殘像與摹景，並非單純以中原景物映襯，描繪山水暗寓故國破碎、山河滄桑。

　　若以詩爲賦，如洪氏〈九十九峯賦（以「玉筍瑤簪排空無際」爲韻）〉描寫山水，「俯天風」以下各句，如用疊詞「漭漭」、「迢迢」、「峨峨嶪嶪，嶙嶙嶔嶔。」，同部首詞彙「瓊瑤」等，都有漢賦的特色。「或連或斷」以下鋪寫山勢，風格如韓愈〈薦士〉詩云：「橫空盤硬語，妥帖力排奡。」極似韓愈〈南

山〉詩。徐震〈評釋〉云：

> 以韻語刻畫山水，原於屈、宋。漢人作賦，鋪張雕繪，益臻繁縟。
> 謝靈運乃變之以五言短篇，務爲清新精麗，遂能獨闢蹊徑，擅美千
> 秋。昌黎南山，取杜陵五言大篇之體，攝漢賦鋪張雕繪之工，又變
> 謝氏軌躅，亦能別開境界，前無古人。〔註62〕

唐代以前辭賦雖有描寫山水景物者，然而作者鋪寫風土物產的博物和地理興
趣更濃，山水往往不見特色。試觀謝靈運的山水詩和〈山居賦〉可知詩、賦
體製不同。不同於謝靈運的清新精麗，刻劃聲色，韓愈〈南山〉五古長篇以
人文意象強加於山水物態，鋪張雕繪之工如漢賦侈張帝王之氣象，以求切合
南山地望。然寫景兼有敘事抒情，一韻到底，又押險韻，因難見巧，使其文
字有節制、精準、帶有距離冷靜觀察的「瘦硬」，文字瘦硬與其鋪敘體製形成
張力。洪氏律賦仿此筆法，句式不限於五言，更見靈動。至於洪氏駢文於典
麗之餘，間入散句，使文氣疏宕。如〈遊珠潭記〉：

> 臺灣之勝，有珠潭焉。去九閫十由旬，居萬山一岡寅。山繞一潭，
> 當屏風之護鏡；水環一嶼，倚波心而點珠。蠡湖十里，有是孤山；
> 雁宕二湫，無茲群嶂。圖成揚子，即縮本之金焦；寫入洞庭，亦小
> 型之君岫。重重峯鎖，曲曲流通；境超世外，地接天中。塵客入之，
> 胡麻失天臺之路；居人聚者，雞犬同武陵之風。種茶千樹，亦種桃
> 花；生稻滿川，別生菱芰。憶在曩初，此爲蠻窟；卉服巢棲，侏離
> 野處。青箬裹鹽，黃蕉作飯；曾無壚里，悉是攸居。桐師葉雋，往
> 還洱海之間；板楯竹郎，躑躅仇池之上。菁密而山深，峯廻而水寫；
> 妙絕修禊之場，等諸幽靈之閟。仙藥所殖、山圖所都，人莫得而至
> 焉。迨天昄章拓宇，王化改襟；或輿轎以踰嶮，時冠帶之溝通。五
> 溪之蠻，徙諸別壑；八排之獠，入乎前山。山靈露鬌，谷神開顏；
> 巒看浮玉，水出連環。流澄山上，宛然天目之池；峯蘸川中，差比
> 武夷之幔。水志方諸日月，山經謂近神仙；於是珠潭之號、日月潭
> 之名，馳於世界。雖鳥徑羊腸十八盤之路，遊之難若登天；而龍門
> （臨潭有龍輪嶺）象鼻（去潭有象山）三百頃之淵，見者驚其拔
> 地。……過水裏坑（地名），陟土地岡（地名）；登臨平頂，已是雲

〔註62〕韓愈著，錢仲聯編，《韓昌黎詩繫年集釋》（台北市：學海出版社，1985），頁
528、462。

間。迴視來途，依稀井底；載瞻前程，仍在天上。中間墾谷，竟多
方罫之田；下界雲山，渾作蟻封之垤。急詢珠潭，則曰峨峨者，近
是矣；然而淼淼，未遽至也。有客問名，驚愕眙視；遂居前導，願
主東方。入林已密，入山且深；仙蝶扶輿，靈蟬鼓瑟。再踰一嶺（即
龍輪嶺），突見一白黏天、萬翠匝地；而泓泓者在目中，青青者在足
下矣。爰划獨木之舟，攜雙槳而櫂；循潭以往，望嶼而登。飄飄乎！
僊僊乎！南望則石廩堆雲，疑衡陽之六柱；東望則嶽連轟地，恍華
表之三峯。躝謝公屐，恨未穿山；少陶峴舟，空來戲水。徘徊未已，
殘陽西下。石印北窟（地名），茅茨古巢；千巖萬壑，望之而已。乃
入水社村，宿黃山人家。蘭渚勝遊，雖未必滿；桃源眞境，幸已身
逢！宿春再來，俟諸異日。〔註63〕

首段典麗工巧。時以中原山水映襯生色，如「蠡湖」以下點染「桃源」仙境，
妙在「種茶千樹」一段虛實相呼應。「青箬」以下駢偶儷句，聲韻諧和。或
以顏色「青」、「黃」，或用同部首詞「躑躅」。「仙藥」三句，又妙用「仙」、
「山」、「人」三句爲首。「於是」以下句式近於散文，而駢句句式又長短相
間，以求變化。「迨天畈章拓宇」，考證史實，據伊能嘉矩（日本岩手縣遠野
市人，1867～1925 年）言，此地所謂「六社化蕃」之稱，起於乾隆四十六年
（1781 年），伊能訪查當時他們的語言已完全漢化了，只保留傳統的習俗。
所謂的「六社化蕃」即埔里的埔、眉二社，以及日月潭一帶分布的另外四個
社。這四個社即道光年間，田頭社、貓囒、水社、審鹿，合稱水沙連化蕃四
大社。據楊南郡譯註，日人於昭和六年（1931 年）開始興建日月潭發電工程
以前，水社已變成以漢人爲主的村莊。原居水社湖中嶼珠仔山麓的水社原住
民邵族，則在水壩完工後由湖南邊的石印社遷到湖東邊的卜吉社（今德化社）
和漢人混居。大正四年（1915 年）季春，洪棄生來遊。所走的路線，大致與
前清乾隆年間漢人從集集向水里、魚池方向移墾的路徑相同，由集集向水里
向油車坑向土地公鞍嶺向頭社（今南投縣魚池鄉頭社村及武登村之田頭
社）。〔註64〕踰輪龍嶺社，下嶺入水社村到日月潭，記載原住民事徵實，益
見用典工巧。

〔註63〕《寄鶴齋駢文集》，頁 9～10。
〔註64〕伊能嘉矩著，楊南郡譯註，《台灣踏查日記》（台北：遠流出版公司，1996），
　　　　頁 216、215、226。

「過水裏坑」以下，一路行程，多面看山，善用動詞「登臨」、「迴視」、「載瞻」。「中間」、「下界」的描寫層次分別。日月潭遠望在目前而行程尚遠。「仙蝶」句以神物靈動寫景見山林深邃。「突見」以下句式靈動，得力於運用轉折詞、語末助詞。

「飄飄乎」以下誇寫勝境，以中原山水形容，典麗有餘，兼有敘事，文氣疏宕，駢散相濟，用典以寫景，遊觀以敘事，動靜相形，得力於古文筆法。

至於古文雜入駢句以見巧麗者如〈遊珠潭記〉云：

> 出集集之山，緣風空山之險，陟土地公案山之高，途中有所謂「油車坑」者、「新城山」「中城山」者，或懸溜千尋，或怪石萬狀；危崖壓頭，而濁溪走足下，澗瀑如積雪，溪聲如轟雷，其駭心目而動魂魄者，不能以言詞形容也。迨脫臉而近水裏坑，溪邊有釣客，坑裏有人家，神爲一舒；而涉溪不百步，則嵯峨巉嵲當面而起者，土地公案山也。上山少半，得平坦一方，有田、有園、有澗里，曰二坪也。再上，則輿夫傴僂，膝及頷矣。山徑黑蝶如錦，金蟬聲如銅絃；山花如繡，眾鳥如奏樂，峻險間有足怡情者。登山巔，則有平土，廣四尋，衰過之，有土地公祠。峰頭有茅亭可遠眺，迴視所來山路、人家，則又渺然雲壑之下，遠者如累黍，近者如魚鱗也。山至此益高，屢上屢下，歷紅土徑十餘里，經田頭社而至輪龍嶺社；在山半有田二千畝、人家百戶，輪龍嶺亦有好人家。〔註65〕

寫「集集八景」中的「高山望洋」、「濁水吼聲」、「公鞍秀色」等，〔註66〕用排比句法，句數多偶，「懸溜」以下，每一句末字的平仄相間，琅琅可誦。「澗瀑」句喻象與實景虛實相生。寫景濃至時接著抒情，情景交融，有味有色。「二坪山」一段用排比句式，巧用比喻，頗爲感性。「輪龍嶺社」一段紀實而不冗雜。

他曾遊日月潭，在遊覽一年後的〈遊關嶺記〉回憶前遊云：

> 珠潭在萬山中，自彰化邑治南下百二三十里，自諸羅北上，亦近百里。彰化至南投，向東行；諸羅至斗六，亦向東行，二涂寸步皆山也。山之勝，處處峰巒起足下，奔流溯湃，從頭髮馳過，雲物、林壑、泉石，瑰詭萬狀。百十年前，途皆番窟，山皆榛莽，遊者必挾隊，刊山芟茀，而後可行，以冀一覿山靈之面。故山境至佳，入者

〔註65〕《寄鶴齋古文集》，頁216。
〔註66〕同前註，張永楨書，頁931。

絕少，閟爲仙源，而企望之者，遂若在惝恍縹緲之間。余前歲遊焉，

值雨潦，輕軌道壞，乘轎踰嶺，反得盡嘗山水佳處。〔註67〕

行旅雖艱難疲憊，然景色誘人冒險深入一探奇勝。謝靈運所謂「懷新道轉迴，尋異景不延。」〔註68〕道理同此。勝處如仙源，若在惝恍縹緲之間，正見入山已深，「不識廬山眞面目」了。〔註69〕寫景、敘事、抒情之佳如古文〈遊珠潭記〉云：

循草嶺入集集之街……朝看山色，夜聽泉聲，居民多農賈百工，蚩蚩不知其勝也。……嶺半，則見下方積水浸天，一白無際；四面青山，繚繞一水，孤嶼如拳在水中央。蓋郡志所謂珠潭、縣志所謂日月潭、國初藍鹿洲所謂水沙連，彷彿桃源者，即此也耶。……下嶺入水社村，茶樹遍野，林深鳥茂，蟲聲嘈雜；山中之景，視前山益幽邃矣。居人黃君攜雙槳、划獨木舟，導余及余兒、余姪、余友、余門人六七輩共一舟入潭中，劈菱藻而行潭心。山高水深，沉沉幽黝，漁舟撒網，始見潭色。停舟登嶼而眺，人家林莽寥落，番族遠徙他山；昔之浮田而耕者，今不見矣。望潭南石印、北窟諸山，高峰接天，若陟其巔，則斗六以南諸羅之玉山、霧社以東合歡山在眉睫間，廻視集集西來諸山，猶覆盂耳。日暮天蒼，夕照滿山，山半雲霞作赭色。俯視潭水澂天，魚浮水面、鳥落晴空，飄飄然生世外想，不知在火塵劫灰中也。

寫山程嶺路田疇人家，用四字駢句寫景，簡約生動。藍鼎元（字玉霖，號鹿洲，福建漳浦人，1675～1733年）〈紀水沙連〉云：

番取竹木結爲桴，架水上，藉草承土以耕，遂種禾稻，謂之浮田。水深魚肥，且繁多。番不用罾罶，駕蟒甲，挾弓矢射之，須臾盈筐。發家藏美酒，夫妻子女，大嚼高歌，洵不知帝力於何有矣。蟒甲，番舟名，剞獨木爲之，划雙槳以濟。大者可容十餘人，小者三、五人。環嶼皆水，無陸路出入，胥用蟒甲。〔註70〕

〔註67〕《寄鶴齋古文集》，頁217。

〔註68〕謝靈運著，顧紹柏校注，《謝靈運集校注》（臺北市：里仁書局，2004），頁123〈登江中孤嶼〉。

〔註69〕蘇軾著，王十朋集註，《東坡詩集註》《文淵閣四庫全書・集部・別集類》（台北市：商務印書館，1983），卷23〈題西林壁〉。

〔註70〕藍鼎元著，《東征集》（南投：台灣省文獻委員會，1997），頁86。

藍氏所云乃當時邵族生活習俗，稱許「古稱蓬瀛，不是過也。」以日月潭為桃源，卻歎「番人服教未深，必時挾軍士以來遊，於情弗暢，且恐山靈笑我。」明治三十年（1897年）九月一日，日本人伊能嘉矩到日月潭考查原住民風俗，投宿於頭水社總通事黃玉振家，坐上獨木舟泛湖，見邵族人仍用竹筏捕魚，但「浮田」不復可見。〔註71〕

　　洪氏亦讚賞此地如桃源。接著寫行舟潭中，敘事寫景交融，時空靜動相形，如「山高水深」四句極生動。敘「浮田」今已不可見，又呼應藍氏所記，今昔對比，滄桑中批判時世如火塵劫灰。以時間倒敘再順敘的錯綜，時見高低上下、幽邃奇偉的遊觀景色。運用傳統山水畫「平遠」（如「林莽寥落」一段）、「高遠」和「深遠」（如「望潭南石印」以下所寫）的多重視角。洪氏認同漢文化，身處日治的臺灣如一文化的流亡者，末段因而感慨世變，對照塵世紛擾，展現「雙重視角」。

　　棄生遊大陸，以賦筆類之成巧，鋪張雕繪，情韻生動者，如遊武漢三鎮時所作詩。〈舟上夜見漢口漢陽對南岸武昌三處電光爥天現空中百萬樓閣為長江一路第一大觀爰為長歌以形容之〉云：

　　　　不夜城起天中央，灼爍三江雲錦張。
　　　　火龍燧象涵江光，水晶宮裡森霓裳。
　　　　自南自北自西方，如虹如練如銀牆。
　　　　三簇繁星百萬強，五光十色騰七襄。
　　　　金烏玉兔紛低昂，朱曦夜明走且僵。
　　　　瓊樓玉闕空中翔，蜃市遠攝東西洋。
　　　　鮫室直逼東海王，魚龍曼衍長江長。
　　　　夾江鼎峙燄煌煌，波斯火齊萬斛量。
　　　　夜光寶珠萬頃筐，散為雲際明月璫。
　　　　鉄谷神燈不足望，九微燈火真豪芒。
　　　　牛渚之犀百怪藏，太乙之藜群仙颺。
　　　　將以方此細無當，此間混漾成天潢。
　　　　天上白榆何烺烺，渾疑夜日翻扶桑。
　　　　大地霞蘸咸池鄉，常山長蛇為武昌。
　　　　蓬山神鼇為漢陽，漢口爥龍照八荒。

　　　　　　　　　　　　　　　　　　　　　

〔註71〕伊能嘉矩著，楊南郡譯註，《台灣踏查日記》，頁216～217。

　　　赤城翕翕光萬行，三山電作千虹梁。

　　　玻璃城郭浮三湘，申江無此雲漢章。

　　　繞江星斗九天闇，火舟夜入如龍驤。

詩仰望此不夜城，直上雲霄。「灼爍」、「雲錦張」形容燈火輝煌的麗景。「火龍」、「燧象」比喻城市森龐明曜，涵於江光，益顯大江之美，因有水晶宮，霓裳之比，宛如有仙宮仙樂。又以虹、練、銀牆等自然及人文意象，強調橋樑、川流、人家之醒目。「三簇」句以對偶形式，善用數字、成語，鋪排其壯闊氣勢。「金烏」、「玉兔」借指月，「朱曦」借指日，「夜明」指夜明珠。誇飾月亮低昂，夜空亮如明珠夜明，如朱曦走此而僵，以烘托高樓萬家燈火。又比喻如瓊樓玉宇翔於夜空，如幻蜃之城，「鮫室」句以水怪魚龍曼衍形此濱江大都。「夾江」句點出形勢之要與遠方異珍奇物之大觀。「夜光」句由頃筐之萬顆寶珠，形容夜星，夸言此地之璀璨。喻之不足，乃涉筆神話意象。餻谷神燈，九微燈火如毫芒而不足望。牛渚之犀言其光怪陸離，太乙之藜言其若仙境。「將以」句直以仙境言之。「渾疑」二句由蘇軾〈潮州韓文公廟碑〉「西遊咸池略扶桑」一語化出。〔註72〕分寫武漢三市，喻如龍蛇神鼇，赤城三山，意象瑰奇而誇張。「琉璃」句讚此地猶存古風，猶有元氣未洩，不似上海元氣已漓。〔註73〕故其〈漢口即事〉云：「市同申浦無愁海，地比吳淞有好山。」末二句由前句「雲漢章」而來，言星斗如九天闇殿，火舟如龍驤入港，如行銀河九天而朝帝京。詩以上海市相比，此因百年來，武漢是與上海並肩的中國兩大都市，有「東方芝加哥」之稱，如今還保留不少西洋老建築。〔註74〕

第五節　藉景抒情，寓意深刻

　　藉景抒情，寓意深刻近於以象徵手法來詠懷。此類詩作如棄生稱許的劉基（字伯溫，浙江青田人。1311～1375 年）〈旅興〉云：

　　　倦鳥冀安業，風林無靜柯。路長羽翼短，日暮當如何？登高望四方，

〔註72〕謝冰瑩等註譯，《新譯古文觀止》（台北：三民書局，1988 年 2 月再版），頁673。

〔註73〕于醒民、唐繼無著，《近代化的早產兒——上海》，頁 103。

〔註74〕〈九省通衢——登黃鶴樓，遠眺武漢三鎮〉，《聯合報》A12 版「兩岸城市巡禮」，2013 年 1 月 6 日星期日。

　　但見山與河。寧知天上雨，去爲滄海波。慷慨對長風，坐感玄髮皤。

　　弱水不可航，層城岌嵯峨。淒涼華表鶴，太息成悲歌。〔註75〕

此詩寫行役之苦，以比興手法暗寓現實政治局勢翻瀾不測，君主恩寵如天上雨雲，倏忽流逝滄海。「慷慨」句眞有「烈士暮年，壯心不已」之悲涼。欲學鶴舉高飛，又不忍見世變滄桑。以行旅徬徨，太息謀身平安已夠困難，而謀國更難，此本是中國文人難以袖手的濟世情懷。以此暗寓身世，自陶淵明〈飲酒〉（「栖栖失群鳥」）、張九齡〈感遇〉（「孤鴻海上來」）等詩，皆以禽鳥爲比興手法。相似筆法更可上溯自阮籍〈詠懷詩八十二首〉、曹操〈短歌行〉，更遠源自《詩經‧小雅‧鴟鴞》。洪棄生稱許阮籍（字嗣宗，陳留尉氏人。210～263年）五言〈詠懷詩八十二首〉「哀感無端，蒼茫無盡」。選其精粹者云：

　　其一首「獨坐空堂上，誰可與歡者？出門臨永路，不見行車馬。登

　　高望九州，悠悠分曠野。孤鳥西北飛，離獸東南下。日暮思親友，

　　晤言用自寫。」此於十九首外，別成蒼茫一格。〔註76〕

〈詠懷詩八十二首〉其十七「獨坐空堂上」一首，前人謂「其寫無人處可謂盡情。」學者林家驪亦云：「詩人著力渲染了一種闃無人跡的空曠氛圍。」〔註77〕《晉書本傳》稱阮籍嘗登廣武，觀楚漢戰處，歎曰：「時無英雄，使豎子成名。」此詩「出門」四句，言不見車馬，但見曠野，日暮蒼茫，鳥獸盡歸，益覺孤窮而思親友。後代如陶淵明四言詩〈停雲〉蒿目時艱，以思親友爲念，與阮籍異代同調。洪氏〈寒中望山頭積雪感賦〉云：

　　海上千峰萬峰雪，際天一白如玉玦。

　　縹緲中有蓬萊山，仙蹤已去人蹤絕。

　　前山皚皚積凍深，後山冰塊成嵓岑。

　　鹿麋熊兔半僵死，山空惟聞飢猿吟。

　　年來開山入窮島，山青亦不容洞獠。

　　九江豈誠有赭阢，四野今果無青草。

　　聞道峻嶺通飛車，積凍之間火力噓。

　　陰森時有雷霆起，蟠蟄那許蛟龍居。

─────────────

〔註75〕沈德潛等人編《宋詩別裁集‧元詩別裁集‧明詩別裁集》（長沙市：岳麓書社，1998），頁3《明詩別裁集》。

〔註76〕同前註，《寄鶴齋詩話》，頁8。

〔註77〕阮籍原著，林家驪注譯，《新譯阮籍詩文集》（台北市：三民書局，2001），頁282引吳淇語。

凝凝冰山埋車轍，亂山廻處車輪折。

車聲已破萬人家，車塗徧灑萬民血。

中原冒雪今戰爭，海外枯槁號安榮。

豈知號寒痛至骨，人人殘喘無一生。

我亦當前墮十指，捫衾如鐵身如水。

爪仙無術搦銀爐，杜子深愁望玉壘。

廻思疇昔住邱園，宛如春暖遊桃源。

即今憔悴寒山裏，魂夢猶尋黍谷暄。〔註78〕

鋪敘山水暗寓身世之悲，首句以漸層筆法，仰極玉山之高峻，擬之如玉玦。
復用「蓬萊」典故，歎仙境不在，因嘆「失樂園」的現世苦寒，以鳥獸側寫
原住民受苛政壓迫。「九江」句用對偶，寫景暗用《詩經》「野無青草」的典
故。「聞道」以下寫人力征服自然，暗寓日人築理蕃道路，以加強控制原住民。
「凝凝」句狀冰雪如天地間的自然凝凍濟，凝凍苦難暴政的血腥屠殺。死者
已矣，生者號寒劇痛，「殘喘無一生」則情景交融，虛實相生，酷寒的政治氣
候何時回暖，人民迫切須要換氣存活。「黍谷暄」暗用北周庚信〈謝趙王絲布
等啓〉云：「黍谷長寒，於今更暖。」〔註79〕典故。棄生祈求當政者「望外之
恩」，不啻緣木求魚。其〈南苑故宮行〉云：

……誰知一旦起塵氛，大盜柄國日紛紛。黑劫紅羊震畿甸，青絲白
馬滿榆枌。此時西園歸七貴，此間南苑駐三軍。天下為公總空說，
焚擾更甚氏胡羯。隴山鸚鵡盡吞聲，魯國鴟鴞皆結舌。傷心莫過春
明門，南北兩京塗膏血。我行已過八九州，名郡多見離宮留。出京
翹首望南海，豐草長林不可求。欲尋仁祖高宗跡，月殿風檐兵火流
〔註80〕。

黑劫紅羊二句，暗指清末太平天國洪秀全之亂，青絲白馬用南朝梁的侯景以
兵戎亂京城比擬，用典深切。逮清朝鼎革，民國肇興，軍閥割據，為禍更烈
於從前。鴟鴞「往歌來哭」之讖，對比離宮荒落，嘆前朝盛世已不可再，「月
殿風檐兵火流」，藉景抒情，寓意深刻。

〔註78〕《寄鶴齋詩集》，頁325。

〔註79〕嚴可均輯，《全北齊文・全後周文》（北京市：商務印書館，1999），頁203。

〔註80〕作者註：「丁卯（1927）十二月初八為西除日作。」

第六節　融典入景，活法作詩

融典入景，活法作詩，本自宋代黃庭堅提倡，他首倡「換骨法」、「奪胎法」，作爲模擬之手法，《野老紀聞》載：

> 山谷云：詩意無窮，人才有限，以有限之才，追無窮之意，雖淵明、少陵不能盡也。然不易其意而造其語，謂之換骨法；規模其意而形容之，謂之奪胎法。〔註81〕

其要在「師其神而不襲其貌」之活法。而融典入景，則用典如不用典，如水中著鹽。如〈月下泝娥江到嵊縣剡溪〉云：

> 舜江接剡溪，喜見溪山貌。我非訪戴來，亦放山陰櫂。迢迢望剡山，
> 悠悠泛剡水。路近平水塘，泝江幾十里。無雪有微風，江上微波綺。
> 迴舟去不停，莫問剡溪藤。曹娥江上月，相送一輪冰。

詩用王子猷雪夜訪戴安道典故。三、四句用典。以下敘迢迢望山、悠悠泛水，情態同於昔人。「無雪有微風」敘眼前景，暗扣典故，末喻月輪如冰，猶如冰心。融典入景，自然而佳妙。

擷取名篇詩句，融鑄點化爲己言，是爲活法作詩。如〈金山即目二首〉云：「楊柳兩灣雲兩塢，吳舟裊水入山來。」構思襲自唐詩人張祐〈金山〉詩「鐘聲兩岸聞」一句，然飄逸過之。〔註82〕如〈路上看西山〉云：「北塞何雄驚，西山何娟好。多行天地清，雲眉靜如掃。」脫胎自王士禛〈初春四日休沐同荔裳方山西樵往西山道中作〉：「行行進磊砢，清暉一何多。豈識絕塞山，娟靜如苗娥。」洪棄生〈溢浦尋琵琶亭地〉云：「對面茫茫九派青。」化用王士禛〈大雪夜渡潯陽江〉：「江水向江州，茫茫九派流。」棄生〈過蕪湖三首〉其三：「遠浦分吳楚。」化用王士禛〈登燕子磯〉：「吳楚青蒼分極浦。」

開先寺在廬山南麓，寺右有青玉峽，其下有龍潭，爲瀑布水、馬尾泉二瀑匯流處。瀑布水亦曰西瀑，馬尾泉亦名東瀑，開先寺之絕勝也。〔註83〕廬山開先寺瀑布，李白〈望廬山瀑布二首〉其一云：「西望香爐峰，南見瀑布水。挂流三百丈，噴壑數十里。欻如飛電來，隱若白虹起。……海風吹不斷，江月照還空。」即指此瀑。王士禛〈開先瀑布〉云：「神龍擘空冥，颯沓雙劍開。

〔註81〕見王楙，《野客叢書》附。
〔註82〕張祐詩見盧見曾撰，《金山志》，頁248。
〔註83〕吳宗慈著，《廬山志》，頁672。

青天露鱗甲，白晝行風雷。峽偪不得逞，掉尾揚其鬐。」〔註84〕棄生〈入廬山十五首〉其十一云：「山風與海月，萬古流渾渾。」本自李白等人。

棄生詩〈句容道中望茅山〉首二句云：「雲中三茅君，向我如招手。」化用李白〈焦山望松寥山〉「仙人如愛我，舉手來相招。」〈漢口即事〉云：「舟楫自來通七澤，輪車今已出三關。」化用自李白〈自漢陽病酒歸寄王明府〉云：「嘯起白雲飛七澤，歌吟淥水動三湘。」

今山東兗州市舊城南樓為杜甫登臨詠詩故跡。兗州市，周為魯國，戰國屬楚。〔註85〕棄生〈兗州城下驛詠〉云：

> 海岱青徐野，蒼茫杜甫臺。大風河泗過，雄望魯齊開。汶上人何往，
> 瑕邱我亦來。曠觀東郡路，水陸北燕回。

杜甫〈登兗州城樓〉云：「東郡趨庭日，南樓縱目初。浮雲連海岱，平野入青徐。」〔註86〕棄生首句隱栝杜詩頷聯。「大風」一聯雄放。今泗水縣東北約七十五里有龜山，山北即龜陰之田，昔孔子傷政道之陵遲，望山而懷操，故《琴操》有〈龜山操〉，地在汶水之陽，詩因詠之。兗州府，兩漢為瑕邱縣，古泗水西過縣東。〔註87〕曠觀東郡去路，運河、鐵道北達燕境，乃詩人極目欲往處。

鶴林寺在黃鵠山下，舊名竹林寺。宋高祖劉裕微時，嘗遊息此寺中，即位後改名鶴林寺。唐開元法照師來主法席，始為禪寺。鶴林門外三里有竹林寺。又有竹林精舍，宋戴顒曾居於此。不遠處有招隱山，山中禪隱寺即宋戴顒隱居之地，後為梁昭明太子讀書之所。〔註88〕棄生〈出城訪竹林寺〉云：

> 言出城南門，驅車夾山去。言尋竹林寺，忽見連山樹。峰色夕陽中，
> 蒼筤綠如霧。鐘磬出瑤林，林外微風度。徑入鶴林中，寺外紛古趣。
> 茅茨作經樓，僧侶禪悅遇。不見寄奴泉，遙想蘇仙句。有鳥無鵙聲，
> 林竹如沐露。出寺五里餘，復得竹山路。客亭澗曲陽，禪房山坳聚。
> 翛然絕塵氛，恨無入山具。

〔註84〕王士禛著，李毓芙等整理，《漁洋精華錄集釋》（上海：上海古籍出版社，1999年12月第1刷），頁670、1630、147、1738。

〔註85〕清和珅等奉敕撰，《欽定大清一統志》，頁538～539。

〔註86〕楊倫注，《杜詩鏡銓》，頁2。

〔註87〕楊守敬、熊會貞疏，《水經注疏》，頁2063、2113。

〔註88〕元脫因修、俞希魯纂，《至順鎮江志》（《宋元方志叢刊》第三冊。北京：中華書局，1990年5月第一刷），頁2743～2744。宋史彌堅修、盧憲纂，《嘉定鎮江志》（《宋元方志叢刊》第三冊。北京，中華書局，1990年5月第一刷），頁2355。

詩言驅車夾山訪尋竹林寺，意外發現鶴林寺。連山碧樹，夕照紅山峰，景緻幽深。「蒼筤」句，化用自蘇軾〈壽星院寒碧軒〉「冉冉綠霧沾人衣」。〔註89〕林風微度，但見古寺之古趣盎然。「茅茨」形其簡，「禪悅遇」言僧侶之好道可親。惟不見劉裕嘗遊息之泉。遙想蘇軾〈遊鶴林、招隱二首〉其一云：「古寺滿修竹，深林聞杜鵑。」〔註90〕雖然「有鳥無鵑聲」，然而「林竹如沐露」，饒富淫翠之美。出寺五里，復得竹山路。但見客亭澗曲，其北禪房坳聚。林澗禪舍，翛然絕塵。恨無濟勝之具以尋山深隱。

第七節　景意緊兼，格思高遠

　　洪棄生的山水詩往往寓情於景，情景相生。「景色」與「意興」緊兼，如唐人王昌齡《詩格》云：

> 凡作詩之體，意是格，聲是律，意高則格高，聲辨則律清，格律全，然後始有調。……詩貴銷題目中意盡，然看當所見景物與意愜者相兼通。若一向言意，詩中不妙及無味。景語過多，與意相兼不緊，雖理道亦無味。昏旦景色，四時氣象，皆以意排之，令有次序，令兼意說之為妙。……取用之意，用之時，必須安神靜慮，目睹其物，即入於心，心通其物，物通即言。言其狀，須似其景，語須天海之內，皆入納於方寸〔註91〕。

「景色」與「意興」緊兼，如〈松郡即事〉云：

> 渺渺松江一水平，驅車來到五茸城。
> 尊鱸浦上懷張翰，唳鶴雲間歎士衡。
> 長谷有波三泖出，垂虹如玉百橋橫。
> 澱山近在澱湖上，且喚扁舟處處行。

首聯用吳王夫差典故以切合地望。頷、頸二聯先詠史再寫景，張翰和陸機，一明哲保身，一因捲入政爭罹難枉死。頸聯有風波處處的暗示，百橋跨渡凌津的想像。末閒散放曠，全詩「景色」與「意興」緊兼。

　　「言其狀，須似其景。」須細心體會觀察。例如廬山為一座典型的地壘式斷

〔註89〕《蘇東坡全集》，頁 25。
〔註90〕清王文誥、馮應榴輯注，《蘇軾詩集》，頁 547～548。
〔註91〕遍照金剛著，《文鏡祕府論》（台北：金楓出版社，1987 年 5 月初版），南卷，頁 143、152。

塊山，長期受到流水侵蝕，其間形成較寬展的谷地，然隨著北北東向谷地急劇上升，而使東、西兩側斷層崖上孕育出眾多河流和瀑布。〔註92〕棄生〈入廬山十五首〉其十云：「谷岸互緣衍，山外紛成村。」〈入廬山十五首〉其七云：「行次歡喜崖，路從井底抄。……羊腸走峻坂，險巡逐函崿。」可謂言其狀而又似其景。

「語須天海之內，皆入納於方寸。」即棄生所謂：「唐人有起衰之見，故用心在風格，每高視闊步，瑣屑之景，不置於口。」〔註93〕故意象海涵地負，格調高遠。如〈自三岔口過租界下海河行百餘里中經塘沽大沽出海〉云：

> 輪船駛河中，兩岸高且廣。行行百餘里，處處見搖榜。河邊共打冰，
> 冰中盪兩槳。接海雙長鏡，中流天色朗。河水衝冰行，冰塗時分兩。
> 岸左見塘沽，高樓兼廣場。鐵路到遼東，榆關若指掌。再行到大沽，
> 海闊天氣爽。砲台皆已夷，門戶長開放。回首承平時，不堪入夢想。
> 夜深燈火多，海中眾星上。

詩敘打冰船打冰，輪船衝冰，「接海雙長鏡，中流天色朗。」氣象雄渾。歟防備已撤，門戶開放。燈火、眾星之意象，暗喻黑暗中的指引，情景相生，含蓄雋永。頗有杜甫「意興關飛動」、「篇終接混茫」之情致。

第八節 化靜爲動，切近賦物

洪氏以風格高妙宏美者近於唐詩，以風格平實而切近賦物者近宋詩。他又認爲一個詩人隨其經歷成長，有時作品近於唐詩，又兼有宋詩風格。從儒家經典《中庸》「極高明而道中庸」的觀點，其說中肯公允。

舉例如〈將遊浙東至錢塘江待渡望見蕭山及龕山赭山〉云：

> 南出鳳山門，東至錢塘渡。錢塘江水闊，淼如黃浦路。黃浦江水深，
> 綠過錢塘樹。一水分三江，亦如吳淞注。火舟帶篷舟，循還江上遇。
> 漸江浩浩波，海上濛濛霧。欲望龕赭山，江流去如騖。聞說兩山間，
> 滄海已非故。潮頭向海寧，山移岸上住。瀕海山有無，隔岸山無數。
> 蕭山眾峰青，臨江似爭度〔註94〕。

「火舟帶篷舟，循還江上遇。」一寫輪船，一寫篷舟，尤其棄生《八州遊記》

〔註92〕高峻著，〈地學名岳——廬山〉《自然雜誌》第 21 卷第 1 期（2001 年 1 月），頁 57～58。
〔註93〕《寄鶴齋詩話》，頁 52。
〔註94〕作者註：「十月既望午下。」

提及「篷舟」，讓人想起民國初年紹興出身作家周作人所寫的〈烏蓬船〉。〔註95〕此是切近賦物的佳例。

　　洪氏以風格化靜為動，切近賦物者近於宋詩。〔註96〕化靜為動，切近賦物，善用擬人或擬物筆法者，如〈山中秋日八首〉其一云：「山中垂馬鬣」。其二云：「孤峯插如掌」。其三云：「孤松作龍舞」，接著寫「蟬聲雜鳥聲，日暮亂如雨。」〈詠碧山四首〉其二云：

　　　　古寺路迢迢，遊人過竹橋。溪流廻岸曲，石磴上巖腰。望遠群峰鎖，
　　　　看雲疊嶂搖。古松高處立，四望瘴煙消。〔註97〕

頸聯用「鎖」、「搖」，寫景靈動。「看雲疊嶂搖」，不說雲動反而說山動。靜者動而動者靜，久坐觀覽者方解其中趣味。又如〈將遊珠潭路上即事二首〉其一云：「四山鎖千家，中峰結虛市。」「四山」句用一「鎖」字，寫景化靜為動。其二云：「神舒目猶眩……路入水裏坑（地名），漸覺嵐光散。過溪矗危峰，峩峩凌霄漢。」「路入」以下則危峰矗立峩峩。山勢凌空霸佔視線，一明一暗，呼應「神舒目猶眩」一句，筆勢一開一闔。

　　就古文言，柯慶明分析柳宗元〈遊黃溪記〉等文，稱許柳氏寫法異於駢文整體而富有情韻的遠景描繪，而是將注意移到遊歷經驗過程，人與風景的交涉過程與經歷等重點，以此論洪氏古文〈遊珠潭記〉：

　　　　當余之未至於潭也，自二八水下火輪車、乘輕車，一路沿濁水溪而
　　　　望獅頭山，則峻嶺峩峩，渾流浩浩；山在水上，水在山下也。車聲
　　　　雷激，不轉瞬而陟夫草嶺。廻視嶺西，坑口、觸口諸山如在無底之
　　　　壑；而濁溪惡浪割自峰頭，則又水在山上，山在水下矣。

同樣描寫「象渚垂虹」，駢文所寫屬「靜態」的遠景，所寫「高瀉」二字，古文以層遞筆法從「水在山上，山在水下」到「水在山上，山在水下」，切近賦物，細寫行程，感性從視覺、聽覺描繪，以「車聲雷激」映襯「集集八景」中的「濁水吼聲」等，〔註98〕更為生動。細膩筆法又如描寫風空嶺，嶺在今南投縣水里鄉豐富村。〈風空嶺即景〉：「水遠明於鏡，山多拱若城。濁溪雙峽雨，石瀑萬峯聲。」〔註99〕以人事意象寫景。又如〈二坪山徑見蝶〉：

〔註95〕《寄鶴齋詩話》，頁52。
〔註96〕《寄鶴齋詩話》，頁299。
〔註97〕《寄鶴齋詩集》，頁84。
〔註98〕同前註，張永楨書，頁931。
〔註99〕《寄鶴齋詩集》，頁346。

嚴磴廻環一線微，七盤欲盡見朝暉。

青山首夏猶含笑，黑蝶如花繞路飛。〔註100〕

此詩印證昭和三年（1928 年）七月二十日，日本博物學家鹿野忠雄旅行埔里：

> 埔里地區是世界著名的蝴蝶產地，台車行駛間，好幾百種熱帶蝴蝶
> 群舞，每一種都有嬌豔的色彩，有的飛舞於草叢間，有的甚至於群
> 飛於軌道上，台車接近時如落花般飄散，而闊葉樹上蟬鳴不止，蟲
> 蝶正狂歡於夢幻似的白日世界。〔註101〕

洪氏寫黑色臺灣鳳尾翼蝶，詩作音節意象較鹿野忠雄文，詩更勝一籌。化靜
為動，切近賦物如上述〈將遊浙東至錢塘江待渡望見蕭山及龕山赭山〉末句
「瀕海山有無，隔岸山無數。蕭山眾峰青，臨江似爭度。」以擬人筆法，說
眾峰臨江似爭度，見地形山海緊連，不寫旅客爭渡，側寫眾峰，有悠閒之態。

第九節　景觀如畫，寫意逼真

　　棄生遊覽大陸，見江山如畫，寫詩為文之際，進而以古人畫境為題，描繪
景色，變化出奇。將前人畫境對照眼前實景，用不同的觀看角度，隨物賦形，
寓託心境的寫法，印證明末清初畫家石濤《苦瓜和尚畫語錄》中「一畫」大法，
主張「夫畫者，從於心者也。」「夫畫者，形天地萬物者也。」「夫畫者，天下
變通之大法也。」從師法造化到中得心源，從「具體而微」、「意明筆透」，腕虛
畫靈、寫生運情、取形用勢等神理的體會下手，掌握法則物態，達到至法無法、
自成一家的自由。「墨受於天」、「筆操於人」，創作時，畫家用墨之天機開展「偶
然的抽象性」，打破形似、不拘模擬。強調創作者應「先受而後識」，「藉其識而
發其所受，知其受而發其所識。」尊受權變，蒙養生活，化成自家面目。〔註102〕
例如棄生乘火車北上離開山東濟南所見，〈濼口橋見鵲華二山〉一詩云：

> 秀削青山色，欲與河流東。夾河兩浮巒，天際雙芙蓉。三周我未能，
> 一見蟲叢叢。鵲山近尤麗，展作錦屏風。昨在歷山椒，望之惟尖峰。
> 河上窈窕來，爭似送長虹。霜靄隨雲遠，兩點入遙空。

〔註100〕《寄鶴齋詩集》，頁 261～262。

〔註101〕鹿野忠雄著，楊南郡譯註，《山、雲與番人——台灣高山紀行》（台北：玉山
　　　　社出版公司，2000），頁 234～235。

〔註102〕王宏印著譯，《《畫語錄》注譯與石濤畫論研究》（北京：北京圖書館出版社，
　　　　2007 年 10 月），頁 1～48。

棄生在車中回望黃河北岸之鵲山，及鵲山東南之華不注山。鵲山和華不注山中夾黃河如兩浮巒，並化用李白〈古風五十九首〉其二十云：「昔我遊齊都，登華不注峰。茲山何峻秀，綠翠如芙蓉。」詩句，〔註103〕云「秀削青山色」、「天際雙芙蓉」。第五句反用《左傳・成公二年》「三周華不注」典故，歎未能暢遊，惟見矗立叢黛。鵲山麗如錦屏，昨日望之惟尖峰。我見青山窈窕迎來，我視河橋如長虹遠去，含蓄有情。極目望其霜靄，漸遠漸模糊，猶如遠雲遙空兩點尖峰。寫景靈動自然，妙用擬人筆法，餘味雋永。

　　以「鵲華二山」爲題，應受到元代書畫家趙孟頫（字子昂，號松雪道人、水精宮道人，浙江吳興人，1254～1322 年）畫卷「鵲華秋色圖」的影響。元貞元年（1295 年）十二月，趙自題畫面，稱華不注一峰「峻峭特立，有足奇者。」〔註104〕棄生於車中遠望，以化靜爲動的筆法，得見山水如友朋，依依送別。比擬如秀麗佳人，文字奇想動人。

　　從師法造化到中得心源，從「具體而微」、「意明筆透」，到繪畫風格的創新與完成，風景畫的重要性，學者段義孚云：

> 是什麼給予風景畫這麼大的重要性，使之受到大家的廣泛喜愛，而不僅僅像威斯康辛人喜歡的奶酪那樣，只是當地人的一種偏愛。阿普爾頓（Jay Appleton）一直在強調，當用風景所具有的「庇護地」和「景色」這兩種基本涵義來理解與分析風景畫時，風景畫對人類生存的重要性就一目了然了。因此，線索或許就是：生存。創作風景畫時，人們是在安全的地點觀測前方地帶的危險與機遇。換一個稍微有點兒不同的說法，我認爲風景畫由「地點」和「空間」組成，地點穩定但受到限制，空間易變但很自由。這樣，生活的一些基本特性就呈現出來了。雖然，人類爲了生存而苦苦地掙扎，但人們絕沒有喪失對風景的追求。美學也是原因之一。從審美的角度來看，風景畫滿足了人們對於協調——堅直與水平、前景與背景、明亮與黑暗等基本二元體之間的協調——的需求。此外，在風景畫中，人們在依附與分離之間找到最大的滿足，因爲風景畫既沒有固守在某一個地方，又不是上帝眼中的廣大世界，而是位於兩者之間。正是

〔註103〕李白著，瞿蛻園等校注，《李白集校注》（台北：里仁出版社，1981 年 3 月 24 日版），頁 131。

〔註104〕趙孟頫著，任道斌輯集點校，《趙孟頫文集》（上海：上海圖畫出版社，2010 年 12 月），頁 236。

　　從這個中間位置，一個人能看到並體會到人類的事業和人類的命
運，然而又不需要完全投入其中。有時也需要全心地投入，但結果
並不總是稱心如意，因為全心投入通常意味著喪失思考與反思的能
力，喪失解脫自己——逃避的能力。〔註105〕

逃避塵世而暢遊山水，在廣大世界與個人視野的中間地帶，畫家或詩人描繪
「堅直與水平、前景與背景、明亮與黑暗」——包括奇奧與平曠——種種自然美。
「地點穩定但受到限制，空間易變但很自由。」以此刻畫布局，深契畫理，
如宋代畫家郭熙嘗論山水之布置云：

　　山以水為血脈，以草木為毛髮，以煙雲為神彩。故山得水而活，得
　　草木而華，得煙雲而秀媚。水以山為面，以亭榭為眉目，以漁釣為
　　精神。故水得山而媚，得亭榭而明快，得漁釣而曠落，此山水之布
　　置也。〔註106〕

至於所就高低，端視創作者之才情。洪〈由鏡湖入蘭溪至蘭渚遊蘭亭登蘭亭
山十八韻〉云：

　　浙東山水窟，無若蘭亭路。沿洄鏡湖波，泝入蘭溪渡。會稽水四平，
　　蘭溪獨迅急，上溪難用楫。溪水蘭花翻，舟至婁宮村。騎驢攜辨才，
　　看山過桃園（地名）。漫山嘉樹林，滿谷蒼筤竹。處處青琅玕，崇岡
　　連平陸。溪流曲曲遙，山路重重橋。行過蘭上里，橋落蘭亭椒。下
　　驢渡蘭渚，金碧露林楚。入門過鵝池，亭榭出深阻。曲水流觴庭，
　　曲橋墨池滂。鵝書古帖壁，龍階御碑亭。八面盡佳致，行廚竹裏至。
　　一石一水間，雲煙皆秀媚。出登蘭亭山，明月滿山灣，月對蘭亭挂，
　　人趁蘭溪還。

詩寫蘭溪迅急，先言會稽水四平，強調其湍急迥異。又翻空出奇，設想上溪
難用楫，只因山高。用「翻」、「趁」二動詞形容水迅，而「人趁蘭溪還」之
快，映襯「月對蘭亭」之明；「溪水蘭花翻」則以花之柔嫩對比溪之急駛。「溪
流曲曲遙」，掩映於「山路重重橋」，所謂「水欲遠，盡出之則不遠，掩映斷
其派，則遠矣。」乃深契畫理。又以漫山嘉樹、滿谷筤竹，刻畫山岡之華茂。
「金碧露林楚」見林之茂與亭之高，行至深阻處方見亭，則尋幽之趣見於言

〔註105〕段義孚著，周尚意、張春梅譯，《逃避主義》（台北市，立緒文化，2006），頁
　　　　　263～264。
〔註106〕郭熙著，《林泉高致・山水訓・畫訣》。收在楊大年編著，《中國歷代畫論採英》
　　　　　（河南：河南人民出版社，1984年10月第一刷），頁244。

外。「一石一水」形容溪多嶔坎，籠以秀媚之雲煙，對比空山澄月，明晦變化，深得畫趣。

宋代郭熙又謂山水畫的空間布置云：

> 山有三遠：自山下而仰山巔，謂之高遠。自山前而窺山後，謂之深遠。自近山而望遠山，謂之平遠。高遠之色清明，深遠之色重晦，平遠之色有明有晦。高遠之勢突兀，深遠之意重疊，平遠之意沖融而縹縹緲緲。其人物之在三遠也，高遠者明瞭，深遠者細碎，平遠者沖澹。明瞭者不短，細碎者不長，沖澹者不大。此三遠也。……山無雲則不秀，無水則不媚，無道路則不活，無林木則不生，無深遠則淺，無平遠則近，無高遠則下。〔註107〕

以靈動的「三遠」視界，刻畫山的殊貌，欲使「三遠」之畫境出，前述華琳「筆推」、「似離而合」之法，詩人可以化靜為動，寓情於景之法，使景物生動活潑，如棄生〈入廬山十五首〉其六云：

> 不到含鄱口，不見鄱陽湖。湖波渺無際，一望見大孤。大孤波心出，雲起時模糊。康郎浮遠岫，雨裏青可攀。湖洲什百峰，蒼翠入畫圖。太乙連太月（嶺畔高峰），左右凌天衢。章貢交流來，浩蕩吳越無。迴首望石城，虎豹環四隅。鄱嶺為駿馬，振鬣澎澤趨。天風吹我衣，雲外峰峰殊。襟帶南康郡，湖口亦具區。風雲交迴薄，尋途誠鬱紆。

棄生當日所見，含鄱嶺橫亙在大月山西南，為九奇峰東之第一峰。其東南中豁為含鄱口。向鄱陽湖而峻勢若可吞湖，故云。〔註108〕詩敘含鄱口盡收鄱陽湖奇景，不到此處，不識湖美。湖在東南，俯瞰迤西一山，橫亙於湖中，即大孤山也。迤南湖心一山曰康郎山。雨中望山望湖，所見皆不真不盡，惟濃翠倍於江上。南見太乙峰，北有大月峰，又見章、貢二水浩蕩入湖，氣勢之雄奇為吳越所無。「迴首」以下，妙用擬物筆法，作動的演出，十分靈動。以「筆推」法，將山水由離而推合。而鄱陽湖襟帶南康郡，又彷彿具區。而由此下至鄱陽湖，山徑極陡峻。〔註109〕風雲迴薄中，去途誠鬱紆。「高遠」處之人物近天，仰視而明瞭，如〈入廬山十五首〉其一云：

> 江上望廬山，沛過垂空雲。陸行五十里，猶未把匡君。路入蓮花洞，山色落紛紛。過洞陡山椒，萬嶂疊嶙峋。石磴雲中起，樹杪見人群，

〔註107〕郭熙著，《林泉高致・山水訓・畫抉》。
〔註108〕吳宗慈著，《廬山志》，卷5，頁582～583。
〔註109〕《八州遊記》，頁70。

　　山隙豁大江，吳楚平地分。石澗落空際，驚濤對面奔。磴盡見牯嶺，
　　一轉迷煙氣。巖石欲壓頭，泉聲猶可聞。虹橋跨湍壑，峭壁縈秋旻。
　　絕頂見人家，山樓迎夕曛。

由江上望廬山，但見滿山煙雲。陸行五十里，由蓮花洞乘轎上山，始覺山色
紛紛而落，人則隨石磴而升。煙雲中萬嶂嶙峋陡峭。仰見行人，如在樹杪，
見樹高人小。「山隙」俯瞰江流，險路中平添一分朗豁。「石澗」句則泉聲驚
耳，若可掬飲。「巖石」句氣勢攝人。「虹橋」句見飛橋如虹，湍壑峭壁，秋
色縈繞而上。「磴盡」句見山路之曲折。末於絕頂見人家，山樓近天而迎夕曛，
益覺顯眼。

　　「平遠」處之人物沖澹，但見村落隱於煙雲中，如〈入廬山十五首〉其
十云：「南過三峽澗，一谷豁平原。澗外夾人家，十里桃花源。谷岸互緣衍，
山外紛成村。」故〈自三峽橋南過馬頭上西南過項家坂向家村詹家崖田在水
岸山邊或平野重重不絕至萬杉壠開先坂人家皆脩然塵外得一絕〉云：「山重水
複有田園，水作庭塘山作垣。雞犬雲中人不見，白雲深處是桃源〔註110〕。」
白雲繚繞，寫景細膩，「平遠」中兼「深遠」之筆法。

　　山水畫又當「計白當黑」，貴「墨與白合」。華琳《南宗抉要》以文章譬
之，以為愈分明處，乃愈融洽。留白之趣味，由筆墨不苟來；詩中之情味，
由寫景細膩處生出。如〈入廬山十五首〉其十四云：

　　岧嶤遊山回，一睡凌雲起。匡廬五百峰，忽在煙霧裏。憑樓看山容，
　　不辨山尺咫。泉聲萬竅喧，淋漓雨不止。秋深山色佳，昨臨三峽底。
　　又上青玉峽，洶銚去如駛。遙想三疊泉，各添百重美。峻瀑挂石磐，
　　怒龍矯其尾。更得天風吹，凌空倒海水。瀉出金川門，應與澎蠡比。
　　我閟一樓中，無由陟峰齒。況是雨連雲，看山不及趾。迢迢望晚晴，
　　天向樓頭倚。

煙霧裊繞，雨勢淋漓，憑樓看山，山容模糊。傾耳萬竅泉喧，想像瀑布洶銚
如駛。喧、銚、峻、怒等形容，配以駛、挂、矯等動詞，「凌空倒海水」之夸
喻，極力形容其氣勢浩蕩。不言浩蕩，反以鄱陽湖作比，佳妙。雲容雨貌中，
盼望晚晴。「迢迢」言等待心焦之過程，也可能是當下之景。倚樓極目望天，
澄明如洗之景又從言外得知。可謂「詩中有畫」，「如畫」的詩中有盎然情味。

〔註110〕作者註：「以下九首，六月二十夜得。」

第十節　深探遠眺，周覽生趣

棄生詩歌每在從容遊賞間，深探遠眺，周覽生趣。如〈眺采石磯〔註111〕〉
云：

> 赤城雲霞起層嶠，采石青山最佳隅。中有錦袍謫仙居，外有蘇韓將
> 軍廟〔註112〕。臨江作步〔註113〕如虹懸，長江渺渺波浸天。群峰插
> 岸相後先，艨艟銜尾舳艫旋。青綠雲山挂眼前，此時此景誰能邊。
> 所恨兵來多渡此，戰爭間續三千年。東吳南朝迄南宋，常開平又奮
> 戈船。毓麟堂下餘廢壘，然犀渚上生寒煙。此時采石黯無色，迄今
> 何幸留清妍。彭楊水師靖湖海，采石江邊祠堂在。何如長庚捉月亭，
> 魂魄山川長不改。嘗聞蕭尺木，曾畫李白樓。匡廬衡嶽落素壁，東
> 岱西蜀連雲浮〔註114〕。此景足助青山色，此畫青山留不得。惟餘赭
> 岸〔註115〕蘸橫水，永與青山障采石。我來無事泝江行，一櫂長風萬
> 里輕。船頭已向蟂磯去，船後繞從牛渚經。何當待月清秋夜，一望
> 蛾眉〔註116〕到月明〔註117〕。

采石青山有唐代詩人李白墓。《輿地紀勝》卷一八「太平府」：「唐李白墓在縣
東一十七里青山之北。李陽冰為當塗令，白往依之，悅謝家青山，欲終焉。
寶應元年卒，葬龍山東。今采石亦有墓及太白藁殯之地，後遷龍山。元和十
二年宣歙觀察使范傳正委當塗令諸葛縱改葬青山之址，去舊墳六里。」詩插
敘當年太平天國與湘軍作戰事，因采石磯有湘軍將領彭玉麟、楊岳斌祠堂。
太白樓上舊有蕭雲從畫。蕭雲從（字尺木，號默思，又號無悶道人，安徽蕪
湖（一作當塗）人），曾於崇禎十二年（1639年），十五年（1642年）兩度考
中副榜。後赴金陵應試，與復社中人往來，參與復社。晚年居金陵，號鍾山
老人。能詩善畫，熟精音韻，長於考據，終身不仕，以賣畫維生。

蕭雲從的畫「匡廬衡嶽落素壁，東岱西蜀連雲浮。」如果說此畫是山水
之美的微型摹本，樓外青山則是變換不居的美麗山水；此畫是畫家豐富的色

〔註111〕此詩又見連橫《臺灣詩薈》第19號，1925年7月15日。
〔註112〕作者註：「彭、楊、李諸祠。」
〔註113〕作者註：「碼頭也。」
〔註114〕編者按：《臺灣詩薈》作者註：「二句並畫中景。」
〔註115〕編者按：「赭岸」，《臺灣詩薈》作「赭岩」。
〔註116〕作者註：「宋楊誠齋、清王阮亭均上采石蛾眉亭。」
〔註117〕作者註：「十一夜。」

彩和情感渲染，樓外青山則是天地不言的大美；此畫山靜美中有水動，宜於
觀賞；樓外青山宜於暢遊；此畫咫尺千里，奇想之美盡收眼底，樓外青山也
在登眺間舒人心目；所謂江山如畫而又見畫中江山，孰眞孰美？此畫中的山
水是棄生壯遊的目標和理想，樓外青山是親近可人如遊伴；此畫可一覽全局，
樓外青山須慢遊遲眺，尋異訪奇。一與多，眞與美，藝術與自然，理想與摹
本，相互映照如詩所說：「此景足助青山色，此畫青山留不得。」這種以「一
畫」大法，變化出奇的創作，誠如莫里斯・梅洛—龐蒂所言：

> 因爲，如果我們不能在繪畫方面，甚至不能在別的方面確立文明的
> 等級或者談論進步，這不是由於某種命運在後面控制著，而毋寧說，
> 在某種意義上，第一幅畫就一直通達到未來的深處。如果沒有哪幅
> 畫完成了繪畫，如果沒有哪一作品獲得了絕對完成，那麼每一創造
> 都在改變、更替、啓示、深化、證實、完善、再創造和預先創造著
> 所有其他的創造。如果說這些創造不是一種既有的東西，這不僅僅
> 因爲它們像所有事物一樣都將逝去，也因爲它們面對事物，差不多
> 已經擁有了它們的全部生命。〔註118〕

莫里斯・梅洛—龐蒂的論點，可論證繪畫理論「一即一切」、「一切即一」，所
謂萬變不離其宗的「一畫」大法。蕭雲從的畫在啓示深化棄生對山水的觀覽，
棄生發爲再創造的詩歌。詩說：「惟餘赭岸蘸橫水，永與青山障采石。」山水
如畫筆蘸丹青，永遠給人靈感，這就是深探遠眺，周覽生趣。〈過臨平望臨平
湖皋亭山懷古夜過杭城至孤山〉云：

> 北望臨平麓，下有臨平湖。湖水今就湮，湖草仍復鋪。當日湖水清，
> 御璧兆東吳。後來湖水清，陳主賣爲奴。天冊及禎明，妖祥一水殊。
> 于今世方亂，不復開祥符。再望皋亭山，西北障杭都。北兵下南宋，
> 白鷹先來祖。我看山色好，不爲興亡吁。夜至艮山門，路入杭州衢。
> 月色連燈光，琉璃入畫圖。趁月趨白隄，孤山月輪孤〔註119〕。

此詩詠史寫景層次井然，得力於時間詞彙的應用。思慮澄明，風格開放，惟
在從容遊賞間，深探遠眺，周覽生趣。時間詞彙的應用如「今」、「當日」、「今」、
「于今」、「再望」、「先來」、「夜至」，末第三、四句「月色連燈光，琉璃入畫

〔註118〕莫里斯・梅洛——龐蒂（Maurice Merleau-Ponty，1908～1961）著，楊大春
　　　　譯，《眼與心》（北京：商務印書館，2007 年 6 月），頁 92。
〔註119〕作者註：「十月十三午下。」

圖。」則所言當下都爲陳跡，成爲歷史背景；而月色連燈光，古今相接，山水美如琉璃畫圖，江山無主，當年南宋都城，夜來登高臨眺，過眼如畫如雲煙。又如〈泰山中佳境不可勝詠此擇其一二〉云：

> 古崖有關廟，階前有漢柏。盤拏龍虎勢，鬱勃虯螭色。遠瀉水簾洞，轉出桃花峪。山路絕紅塵，溪中流碧玉。一水兩重橋，彎環似曲潮。路懸蒼石磴，人立碧雲霄。將近壺天閣，萬竻向天排。柏洞天無鏵，雲生迴馬崖。雲步〔註120〕水淙淙，石亭對帳宮〔註121〕。瀑飛雲外路，已到爵松東。飛龍對翔風〔註122〕，中有大龍峪。路陟萬松山，龍門雲出腹。泰山重重高，仙境多下地。天中日觀峰，日輪亦深閬。秦觀日月峰，已盡泰山道。窮處現蓬萊，山後開石鷗。

從特寫秦松漢柏，盤拏龍虎勢，鬱勃虯螭色，乃以擬物手法作動的演出。動詞的運用如瀉、轉出、絕、懸、立、排、飛、對、陟、盡、現、開，寫泰山奇峰重重，如〈泰山路中即事二首〉其二云：「絕頂危峰石吐煙，半山泉壑好流連。重重雲路連松柏，路〔註123〕盡天門但有天〔註124〕。」倚石而流連泉壑，如遊蘇州太湖之間，棄生說：「蘇州太湖之間，本有定期小火船，隔日來往，是日適相左，乃倩帆櫂，行雖緩而可多賞風景。」〔註125〕行雖緩而可多賞風景，如〈自干山〔註126〕訪古迴舟登細林山〉末云：「步陟神龜峰，紅陽駐山半，溪潭深〔註127〕可漁，蘭槳歸緩緩〔註128〕。」如此悠閒，方能深探遠眺，周覽生趣。

〔註120〕作者註：「橋名。」
〔註121〕作者註：「宋御帳坪。」
〔註122〕作者註：「嶺名。」
〔註123〕編者按：原抄本「路」下衍「歷」字，省文獻會全集本同，今據詩意刪。
〔註124〕作者註：「九月十八午。」
〔註125〕《八州遊記》，頁10～11。
〔註126〕編者按：「干山」，省文獻會全集本誤作「平山」，今據原稿甲本改正。
〔註127〕編者按：「深」，省文獻會全集本誤作「湍」，今據原稿甲本改正。
〔註128〕作者註：「廿二夜半。」

第五章　修辭技巧

修辭技巧指修辭學歸納的辭格，屬於寫作技巧，熟悉修辭技巧不但有助於創作，更可加深閱讀賞析的樂趣。

第一節　析字

析字是根據文字的形、音、義加以分析，利用文字之間相同的部分進行組合分析一種修辭技巧。洪〈舟出會稽鏡湖夜至上虞縣曹娥江曹娥壩月下見東山〉云：

> 一水遙遙出鏡湖，中流緩緩輕擊汰。
>
> 風清吹向曹娥江，月明照見曹娥埭。
>
> 曹娥埭前曹娥廟，望見東山成功嶠。
>
> 謝安謝玄跡已空，曹家曹女人長弔。
>
> 當時歌輟河女章〔註1〕，後世辭傳少女妙。
>
> 五月笙簫競渡來，千秋翠羽行人眺。
>
> 謝公山下琵琶洲，曹娥廟前碧玉流。
>
> 東山絲竹今何往，娥江風月我來遊……。

南朝梁宗懍（字元懍，南陽涅陽人（今河南省鄧縣），（498～502 年）～（561～565 年））記五月五日有鬥百草與競渡之戲，採雜藥，以除毒氣。據邯鄲淳曹娥碑，此為紀念伍子胥，不關屈原。〔註2〕詩寫遊浙江上虞曹娥埭前曹娥廟，

〔註 1〕　作者註：「曹娥沒後，人不歌〈河女〉，見《晉書‧夏統傳》。」編者按：此註「書」字原抄本無，編者所增。

〔註 2〕　宗懍原著，王毓榮著，《荊楚歲時記校注》（台北：文津出版社，1988 年），頁168。

懷想東晉宰相謝安隱於東山，攜妓出遊典故。用《世說新語·捷悟》楊修與曹操以猜謎較才，將「黃絹幼婦，外孫齏臼。」析字為「絕妙好辭」。曹娥年十四，因父盰溺水而死，嚎慕哀思，遂自投江死。「當時歌輟河女章」指此。詩采風問俗，援引舊典以切地望。

第二節　設問

　　講話行文，為了引起別人的注意，忽然變平敘的語氣為詢問的語氣，叫做設問。

　　棄生遊銅陵市、五松山、九華山，其地多美景，古來多詩人題詠。安徽銅陵市，清屬池州府，市有五松山，昔日李太白嘗遊此，詩有〈與南陵常贊府遊五松山〉。〔註3〕青陽縣九華山，原名九子山，太白因其九峰如蓬花，因改今名，詩有〈改九子山為九華山聯句并序〉。〔註4〕貴池市南有齊山，杜牧嘗於重九登此山賦詩，詩有〈九日齊山登高〉。〔註5〕南宋詩人楊萬里〈宿池州齊山寺即杜牧之九日登高處〉一詩詩序，稱此山有李白書堂、妙峰、黃山谷題名之蕉筆巖等名勝。〔註6〕洪〈過池州見山二首〉云：

　　淼茫東瀉又西還（音旋），曙色朝霞遠浦間。

　　江上青峰都已過，不知何處九華山？（其一）

　　一岸煙波一岸山，五松九子貴池間。

　　江南此地多山水，恨不維舟一往還。〔註7〕（其二）

唐劉禹錫〈九華山并引〉稱此山「奇峰一見驚魂魄。」〔註8〕不見此山，不免悵恨。句一設問美景何處？可見棄生愛此地之好山好水，恨不能來回暢遊。

〔註3〕李白著，瞿蛻園等校注，《李白集校注》（台北：里仁出版社，1981年3月24日版），頁1199。
〔註4〕《李白集校注》，頁1448。
〔註5〕杜牧著，《樊川文集》（台北：漢京文化，1983年11月15日初版），頁46。
〔註6〕北京大學古文獻研究所編，《全宋詩》（北京：北京大學出版社，1998年12月第一刷），卷2307，頁26516。
〔註7〕《八州詩草》，頁18。
〔註8〕清聖祖編，《全唐詩》卷356，頁3996。

第三節　婉曲

　　婉曲指說話或寫作時，不直說本意，而用委屈含蓄的話語，烘托暗示。以洪〈過樅陽江〉詩爲例。樅陽江又名樅陽河，在桐城縣東南一百二十里，源出潛山縣，東流經懷寧縣北，又東流經桐城縣，盡匯懷寧、桐城二縣北境之水，又東南至樅陽鎮（今置縣）入江。漢元封五年（西元前 106 年）冬，武帝行南巡狩，至於盛唐，望祀虞舜于九嶷。登天柱山，自尋陽浮江，親射蛟江中，獲之。舳艫千里，薄樅陽而出，作盛唐樅陽之歌。應劭注謂天柱山即霍山；韋昭注謂盛唐地在南郡，〔註 9〕洪棄生則以爲是桐城縣境內之盛唐山。〔註 10〕此山距九嶷尚遠，盛唐恐不在此。韋昭說較可信。洪〈過樅陽江〉云：

> 我讀漢書武帝紀，曾說射蛟三千里。
> 出自尋陽薄樅陽，盛唐之山樅陽水。
> 我今來過樅陽江，江山如畫雲如幢。
> 中流惟見燕飛乙，南狩不聞蛟疊雙。
> 天柱霍山自何處？靈風欲逐武皇駖。
> 元封盛事不可追，江頭空誦凌雲賦。
> 江水近淪皖水波，淮水之滿今若何？
> 再行即見皖山色，後遊且繼樅陽歌。

詩首檃栝史傳語，惟「盛唐之山」恐非武帝南巡狩所經處。惟見江山如畫，燕乙飛翔。昔日帝王南狩事蹟雖已不可尋，然靈風送舟，懷想漢代元封盛事，便追誦起武帝凌雲之賦歌。末二句本武帝〈瓠子歌〉「齧桑浮兮淮、泗滿，久不反兮水維緩。」〔註 11〕之意，以詰問作結。當日淮河流域之渠瀆未妥善浚漯，令人憂心。卻以問句的方式，懷想古人治河平患事，婉曲致諷。

　　又如遊山東濟南時，所作〈遊趵突泉及呂仙廟〉云：

> 靈源出王屋，匯在黑水灣。柏崖渴馬崖，蓄洑不能閒。至此發高浪，突兀數桁山。稜稜三玉柱，長矗玉波間。其旁珠四散，噴起一池寒。聞道冬雪時，暖氣揚迴瀾。城中珍珠泉，不過碎玉彈。差可方金線，

〔註 9〕班固著，《漢書・武帝紀》（台北：鼎文書局，1997 年 10 月 9 版），卷 6，頁 196。
〔註 10〕《八州遊記》，頁 58。
〔註 11〕班固著，《漢書・溝洫志》，卷 29。

未可比琅玕。碧流浸古石，楊柳蔭紅欄。高閣有仙人，騎鶴來俯看。
天帝作水嬉，弄水如弄丸。餘泉流不竭，瀉爲濼水源。泉東白雲樓，
滄溟勢可翻。

趵突泉水由王屋山伏地行五郡至歷山下，如奮發而出。〔註12〕有此誤解，故
言伏流蓄沈，奮發如浪，突兀如山。水如稜稜玉柱，噴泉之晶瑩潔澈可想。
噴池水寒，散濺如珠。冬雪時反覺水暖氣揚，氤氳之態如可掬。珍珠泉、金
線泉相較下猶如碎玉，以固態之琅玕比擬水柱湧注，佳妙。「碧流」二句秀麗。
泉畔有呂仙廟，神仙騎鶴靜看，弄水作嬉，形容人清狂似仙，見於言外。泉
爲濼水源，東有白雲樓，可俯見滄溟水勢。

第四節　錯綜

　　爲了避免語句的單調，使文章因變化而顯得生動多姿。將原本整齊的表
達形式，如類疊、對偶、排比、層遞等修辭，以抽換詞面、交錯語次、伸縮
文身、變化句式等方式，使其詞面別異、形式參差或文法上語氣不同的修辭
法，是一種「同中求異」，寓變化於整齊規律之中的修辭法，稱錯綜修辭。

　　太湖在江蘇省南部，面積二千二百一十三平方公里，位於蘇州、無錫、
吳縣、宜興等市境內。洪云：

自胥門開纜，過無數大石橋，橋皆穹形，下啓三洞門，壘石華美。
蓋蘇橋冠江南，不止寶帶橋長大無倫也，次則揚州、松江之橋亦
美麗。舟行兩岸皆人家，或循街市，時狹時寬，稍遠少人家處，
水又漸寬，向西行，有時西南行，適微雨，西南群山，濕翠可愛。
行既遠，忽兩山遙峙，有如雙筍立雲中者，則上方塔與靈巖山塔
也。一路逢滿載婦女香客，則自上方山楞伽寺燒香回者。舟過木
瀆鎮，兩岸人家櫛比，臨水爲市，處處跨橋如城門，蓋蘇松二郡
之水灣環繡錯，故到處壘石爲橋以通行，洞開圜門以通舟也，讀
范石湖登木瀆樓詩「萬象當樓黼繡張」之句，則木瀆自宋已盛。
既過木瀆里，仰見靈巖山塔，近在岸西，不似遠望之高聳，山寺
即吳王館娃宮舊址，山下有西施采香涇，塔南有響屧廊遺蹤，山
之背有鄧尉山，水過此始寬闊，堯峰山、七子山，近在南岸，迎

〔註12〕《八州遊記》，頁 209。

面高舫乘流而下，滿載婦女，則禮穹窿山寺而回者。穹窿，《越絕書》作窮隆，去縣三十里，山產赤石脂，故有赤松子采藥處煉丹臺。余心在太湖、洞庭，不獲上窮湖際諸山，徘徊瞻眺，可惜也已。舟行又十餘里，過一水村，人家歷落間之，則胥口里，蓋水自太湖流出，夾香山、胥山，過此村而達胥門焉，出胥口一白無際，雲低拍水，太湖在正南，穹窿山在西岸，舟點點如秋葉，舟行半日，至此始盪胸襟，拓眼界焉。環湖諸山，或遠或近，或斷或續，時在雨中，湖光山嵐，眞覺混茫元氣，舟行湖中，如在滄海；惟海上行遠則無山，湖中終日有四面山耳。山在湖中，遠望皆小，近者時見長林之岸，湖平處處，有嶼有淵有人家，胥口有四人，附舟至湖中大村（村名），舟向蘆葦望長徑入，徑在湖中，遍生荻草，一望未見村容，人向草中覓路去，舟轉望東山行，水面忽見大萍拍浮，不知有萍實如斗否？舟終日多南向，迨欲近洞庭，始向東，湖中傍山處多漁籪，時立白黑鷗鴟，籪上過舟，沙沙有聲，湖中林樹，浮在水際蒼蔚可愛。既近洞庭山，兩岸束之，水忽狹，曲折爲內河，然不似蘇河之塵涸，蓋別有天地矣。東山兩岸平地，禾稻正熟尚未穫也；人煙稠密，屋拱山麓，山聳屋舥，街衢砌石，約有數里，聞有人口二萬餘。坐舟繞岸，前看山色，後把湖光，宛入武夷一曲。虎邱已廢，即未廢亦祇可比西湖一角，此乃可吞西子湖矣，蘇州名勝賴有此耳。

捨舟上岸，見一客館，湫隘不入，舟子與同行者導之，轉數重石磴，山街得一旅館，寬敞無村氣，是夜雨中呼酒肴，洞庭酒亦佳，湖產青魚，烹調尤甘，燈下聽雨於太湖中，酒罷憑欄一望，宛乎昂頭天外也。〔註13〕

寶帶橋位於蘇州東南七點五公里處，建成於唐代元和五年（810年），橋有五十三孔，三百多米長。蘇州刺史王仲舒捐獻寶帶籌資興建而得名，明代正統年間重建，爲多孔石橋。太湖三白又稱太湖三寶，即銀魚、白魚、白蝦。〔註14〕民國初年，吳縣的養魚業爲江蘇省之冠，洞庭東山、橫涇等處

〔註13〕《八州遊記》，頁10～11。
〔註14〕李兆群著，《品讀水之韻——江南古鎮》（香港：萬里書店，2008年3月），頁87、151。

最盛。〔註15〕靈巖山寺爲蘇州古寺名刹，藏書豐富，二十世紀三〇年代，淨土法門淨土宗第十三祖印光法師在此住持，又振興道場。太湖的島嶼洞庭東山，居民依山而居，苦於田少而人口稠密，故多以商賈爲生，四處設肆，博錙銖於中國，以供吳之賦稅，明末清初顧炎武《天下郡國利病書》已言之矣。〔註16〕石湖爲南宋文人范成大故里，范成大（字致能，號石湖居士，平江府（今江蘇蘇州市人，1126～1193年）〈三月十六日石湖書事三首〉其三云：

> 湖光明可鑑，山色淨如抹。閒心愜舊觀，愁眼快奇矚。依然北窗下，
> 凝塵滿書麓。訪我烏皮几，拂我青氈褥。荒哉賦遠遊，幸甚遂初服。
> 老紅餞餘春，眾綠自幽馥。好風吹晚晴，斜照入疏竹。兀坐胎息勻，
> 不覺清夢熟。

此詩情味頗似陶淵明〈歸去來辭〉，均喜終能得遂初服，隱逸清閒之懷抱，對照故居荒蕪之感慨，從書麓凝塵滿等細節鋪寫，眞切有味。此石湖晚年退居故鄉所作。其〈晚登木瀆小樓〉七律云：

> 萬象當樓黼繡張，闌干一士立蒼茫。
> 雲堆不動山深碧，星出無多月淡黃。
> 宿鳥盡時猶數點，歸鴻驚處更斜行。
> 松陵政有鱸魚上，安得長竿坐釣航？〔註17〕

家鄉木瀆古鎮處處水榭樓臺，闌干曲曲，煙雲遠山，夜來星月宿鳥，作者如歸鴻不受驚擾。享用鄉味鱸鮮，閒釣一竿風月，退閒生活快意。石湖勝地是學者葉昌熾家鄉，語其先人福地云：

> 先隴在石湖之濱，每春秋上冢，放舟文穆祠畔，見孝廟所賜石湖二
> 大字，尚在厓壁。四時田園雜興，在祠堂壁間。草書龍蛇飛舞，孫
> 過庭、蔡元度不得專美於前。余由是知公善草書。泊入都，從廠肆
> 得水月洞銘，玉潤珠輝，方流圓折，清而腴、麗而雅，由是知公善
> 眞書，且能爲擘窠大字。〔註18〕

范成大善眞書、草書，退老石湖所作〈四時田園雜興六十首〉，作於南宋孝宗淳熙十三年（1186年），詩多野老閒逸之情，如〈春日田園雜興十二絕〉

〔註15〕石琪主編，《吳文化與蘇州》，頁220。
〔註16〕石琪主編，《吳文化與蘇州》，頁233。
〔註17〕范成大著，《范石湖集》（上海：上海古籍出版社，2006年），頁387～388、391。
〔註18〕葉昌熾撰，柯昌泗評，《語石・語石異同評》，頁463。

其七云：「寒食花枝插滿頭，蒨裙青袂幾扁舟。一年一度遊山寺，不上靈巖即虎丘。」〈晚春田園雜興十二絕〉其一云：「紫青蓴荟卷荷香，玉雪芹芽拔薤長。自擷溪毛充晚供，短篷風雨宿橫塘。」〔註19〕棄生〈自太湖洞庭迴櫂六首〉其四云：「堯峰遠映水中央，曲港灣灣見水鄉。滿岸人家滿船火，石湖過後返〔註20〕橫塘。」即詠此地。棄生〈泛太湖（宿洞庭出石湖）〉云：

> 遠櫂出胥江，曠瀁無涯涘。胥口復胥山，縹緲太湖眥。遙遙七十峰，
> 一瞥失歸蟻。既入太湖中，長天拍一水。夜宿莫釐巔，高躡靈威履。
> 朝來看包山，林屋（洞名）何俶詭？泛湖猶泛海，俯仰天尺咫。及
> 歸向橫涇，夾岸平如砥。流水若流虹，連舟若連蟻。曲折出洞庭，
> 行行幾十里。石橋過幾重，猶見洞庭尾。迴望石姥公，相送雨雲裏。
> 無限西南峰，露頂不及趾。我欲認太湖，微茫何處是？飄忽豈蓬萊，
> 變幻成海市。萬島列星躔，中流分峽峙。犬吠水聲中，鳥啼林波底。
> 鳧浮浦漵多，魚齗占洲沚。人家渺靄青，村樹蒙茸紫。村家貼水平，
> 水面炊煙起。帆片貼水飛，遠望葉葉耳。欲問橘柚林，蒼蒼見葭葦。
> 大船行何遲，小舟去如駛。出港入石湖，山遙水瀰瀰。無山有湖天，
> 月澄雨未止。一櫂繞胥門，滿載燈如綺。

太湖曠瀁無涯涘，遠望時，群峰似失其歸蟻，則湖廣袤難測。極望處但見長天拍水。夜宿莫釐巔，又暢遊包山靈威丈人遺蹟，及林屋洞等處。「泛湖」句形容湖廣似海，天在咫尺。歸向橫涇，夾岸如砥平；水若流虹舟若蟻，刻劃水鄉澤國的風光。小橋、洞庭、石姥等，俱在雨雲中。詩劃雨中微茫之景緻，喻之如仙島之飄忽，如海市之變幻。「萬島」之喻，夸飾島嶼之多以及此湖廣闊。「犬吠」二句形容幽深林野中鳥獸出沒，寫景細膩，為近處所見。「村家」數句寫地平線水村相貼處，有炊煙、飛帆，構築一立體又靈動的空間。寫大船小舟相繼出入港口，山隱沒於遠方黑暗處，惟見澄月下雨猶不止，淒冷中胥門燈火如綺，景緻明麗。縹緲、遙遙為疊韻和疊詞。「夜宿莫釐巔，高躡靈威履。」為對偶句。接著「朝來看包山，林屋（洞名）何俶詭？」激問句，變化句式。「犬吠水聲中，鳥啼林波底。」互文。「水平」、「水面」為錯綜修辭中的抽換詞面。「飄忽豈蓬萊，變幻成海市。萬島列星躔，中流分峽峙。」應作「飄忽豈蓬萊，萬島列星躔；變幻成海市，

〔註19〕范成大著，《范石湖集》（上海：上海古籍出版社，2006），頁302～303。
〔註20〕編者按：「返」，《臺灣詩薈》作「過」。

中流分峽峙。」此錯綜修辭中的交錯語次。

第五節　層遞

　　層遞是指兩個以上的事物，這些事物又有大小、輕重、深淺、高低等比例，而且比例又有一定秩序，於是說話行文時，依順序排列，表達出層層遞升或遞降的一種修辭技巧，是為「層遞」。層遞的修辭，就是俗稱以剝筍式的步驟，層層推展。這是行文時常用的例證手法，它依照邏輯思維的順序，層層展開分析，步步進行闡述，由表入裡，由淺漸深，層層遞進，逐步加深。這種表現手法，可以把論點闡述得更嚴密透徹，促成文章的氣勢流動順暢，使說理或敘事有一氣呵成的效果。〈廬山雜詠五首〉其一云：

　　　　山頭一轉百芙蓉，南北香爐路幾重。

　　　　左見岷江右彭蠡，不知身到漢陽峰。

山路盤旋轉折，但見一轉百芙蓉；不知幾個轉折，左見岷江右彭蠡，又不知身到漢陽峰，以層遞筆法來寫。

　　棄生至鎮江，遊鶴林寺。鶴林寺，舊名「竹林寺」，是鎮江有名古寺，建於東晉元帝，後南朝宋武帝劉裕於此歇息，有黃鶴飛舞，帝登基後改竹林寺為「鶴林寺」。後毀於戰火，北宋紹興時重建，名「報恩光孝禪寺」。鶴林寺杜鵑花享名，見李紳〈望鶴林寺〉：「鶴棲峰下青蓮宇，花發江城世界春，紅照日高殷奪火，紫凝霞曙瑩銷塵。」鶴林寺邊有蘇東坡的「蘇公竹院」，見蘇東坡〈遊鶴林寺〉：「郊原雨初霽，春物有餘妍。古寺滿修竹，深林聞杜鵑。」〔註21〕洪〈出城訪竹林寺〔註22〕〉云：

　　　　言出城南門，驅車夾山去。言尋竹林寺，忽見連山樹。峰色夕陽中，
　　　　蒼筤綠如霧。鐘磬出瑤林，林外微風度。逕入鶴林中，寺外紛古趣。
　　　　茅茨作經樓，僧侶禪悅遇。不見寄奴泉，遙想蘇仙句。有鳥無鵑聲，
　　　　林竹如沐露。出寺五里餘，復得竹山路。客亭澗曲陽〔註23〕，禪房
　　　　山坳聚。翛然絕塵氛，恨無入山具〔註24〕。

〔註21〕《人間福報》（2013 年 11 月 24 日）。
〔註22〕此詩又見連橫《臺灣詩薈》第 15 號，1925 年 3 月 15 日。詩題作：「出城訪竹林寺忽入鶴林寺」。
〔註23〕編者按：「曲陽」，《臺灣詩薈》作「曲臨」。
〔註24〕作者註：「九月廿三晚。」

「蒼筤綠如霧」、「有鳥無鵑聲」等化用蘇東坡詩句，訪勝懷古，印證目擊。「出寺五里餘」寫步至後殿：「寺作數層，依山爲階，後殿在山半，兩畔佛堂，迴轉而深邃，視金、焦二寺，又別具山中幽致。」〔註25〕以層遞筆法寫迴轉而深邃，「復得」有迴轉之勢，「脩然絕塵氛」言山中幽致，悵恨入山不深，轉覺山林深邃。又如〈遊天竺山自下天竺陟中天竺至上天竺〉云：

> 謬謂西天樂，豈若〔註26〕西湖好。西湖天竺山，應勝錫蘭島。上竺
> 有天門，中竺有山道。下竺依靈峰，林容不枯槁。山澗三寺環，重
> 巒兩邊抱。迢遞長生街，御道淨如掃。上竺法喜坊，累代留天藻。
> 寺在深山巖，刹作靈山寶。峰峰吐白雲，裊裊如佛縞。東坡李白時，
> 來遊天竺早。山容未盡開，待余再探討〔註27〕。

蘇東坡〈天竺寺并引〉詩引云：「予年十二，先君自虔州歸，爲予言：『近城山中天竺寺，有樂天親書詩云：『一山門作兩山門，兩寺原從一寺分。東澗水流西澗水，南山雲起北山雲。前臺花發後臺見，上界鐘清下界聞。遙想吾師行道處，天香桂子落紛紛。』筆勢奇逸，墨跡如新。』今四十七年矣。予來訪之，則詩已亡，有刻石存耳，感涕不已，而作是詩。」東坡所見白居易詩，詩即以層遞筆法，加上回文技巧。棄生詩「豈若西湖好。西湖天竺山」上下句近於頂眞。「上竺有天門，中竺有山道。下竺依靈峰，林容不枯槁。」以上四句以層遞筆法鋪寫。

第六節　摹寫

　　「摹寫」是指把各種事物的形狀、聲音、色澤、氣味、情態等的感受，加以形容描述的修辭手法，叫做「摹寫」。「摹寫」，是一種「繪聲繪色」的修辭法，強烈地訴之於直覺的感受。我們對於客觀世界的觀照，用眼睛（視覺）看形、色，用耳朵（聽覺）聽聲音，用鼻子聞（嗅覺）氣味，用舌頭（味覺）嘗滋味，用肌膚（觸覺）辨寒熱、分軟硬，世上事物儘管千變萬化，但經由各種感官的辨識，都可以很具體的描繪出來，使讀者產生鮮明的印象。因此，按照不同的感官眼、耳、鼻、舌，以及觸覺，加上綜合運用，摹寫可以分爲六類。〈廬山雜詠五首〉其五云：

〔註25〕《八州遊記》，頁33。
〔註26〕編者按：「若」，省文獻會全集本誤作「爲」，今據原稿甲本改正。
〔註27〕作者註：「十月十四午。」

此間已是到仙寰，難得穿雲長往還。

日日捫峰兼索壑，五朝四夜在廬山。

穿、捫、索等動詞，綜合摹寫五朝四夜的廬山遊。

綜合摹寫豐美之水態於一詩，如遊廬山三疊泉，三疊泉下注磐石三疊而後至地。其水出自大月山下，由五老峰背而東注焉。此瀑之勝，見知人間，始於南宋紹熙辛亥年（1191年）至紹定癸巳（1233年）間，湯仲能之品題。〔註28〕水態之豐美，誠如宋代郭熙謂：「水，活物也。其形欲深靜，欲柔滑，欲汪洋，欲回環，欲肥膩，欲噴薄，欲激射，欲多泉，欲遠流，欲瀑布插天，欲濺撲入地，欲漁釣怡怡，欲草木欣欣，欲挾煙雲而秀媚，欲照溪谷而光輝，此水之活體。」〔註29〕棄生〈觀三疊泉瀑放歌〉云：

天河下與黃河通，直注廬阜之山東。

山高欲下不遽下，長虹三折隨長風。

一折千尺一游龍，上中下層皆龍宮。

雷霆雨雹聲隆隆，下層到地垂旻穹。

雪浪雲濤墜復懸，銀漢連蜷山腹空。

挾江倒湖入兩腋，餘沫唾落青巃嵷。

香爐康谷何足炫，泰山水簾徒玲瓏。

天地靈異惜不出，萬年長閟入鴻濛。

我生晚劫見天窟，五泄二漱俱不同。

謫仙髯仙及朱子，並未見此開心胸。

後來賞勝跨前輩，一角可掩徐州洪。

此行萬里不潦倒，浮生雖嗇眼福豐。

我到深山最深處，九峰五老來相從。

去頭青天惟一握，當面紅日無三弓。

聞道水出嶔谷中，洞天石梁神鬼工。

天半屈作三石谼，巨靈擘崖分冥濛。

水源陰黝黿鼉壑，天海直瀉天都峰。

俯視彭蠡如一曲，玉川門外雲溶溶。

〔註28〕吳宗慈著，《廬山志》（沈雲龍主編《中國名山勝蹟志》第三輯。台北：文海出版社，1983年9月初版），頁482，引桑喬《廬山紀事》言。

〔註29〕王進祥編，《中國美學史資料選編》下卷（台北：漢京文化出版社，1983年4月5日初版），頁16。

三疊泉下注磐石三疊而後至地。其水出自大月山下，由五老峰背而東注焉。

　　詩謂此瀑由黃河伏流而來，直注廬山東，形容怒濤洶湧。「山高」二句，此瀑三折而氣勢綿長，如長虹隨長風，曲而不斷。矯健氣勢擬之如游龍，濺撲入地。「雷霆」句形其澎湃巨響，下層垂於旻穹。雪浪雲濤見氣勢翻騰，墜懸而下如銀漢蜷於山腹，誇示其激射噴磚。「挾江」句本游龍之比喻，於沫落處點染山翠龍嵸。「香爐」句以他瀑相襯，以讚其奇絕。因惜此靈異不出人間，初則閟入鴻蒙。棄生身歷清末國窮數盡，得見奇景，心境與他人又不相同。李白、蘇軾、朱熹皆未見此奇，後來賞勝者可誇前人，以此瀑雄奇可掩東坡所詠之百步洪。有此眼福觀此潦水，頓覺此生並不潦倒。復言入山之深，窮九峰五老之奇。登拂青天，如可摩日，俯視此水，益覺洞天石梁如鬼斧神工。此瀑於天半屈作三石鉄，再蓄勢而下。彷彿巨靈擘崖，開其冥濛。「水源」句形容石鉄陰黝冥冥，形容上源之深靜，「天海」句寫氣勢雄放。俯看彭蠡一曲，見水過兩崖而成山澗，出玉川門，玉川門為五老峰盡處奇境，有石崖玲瓏如高廈，迫危峰，天為之窄。〔註30〕白雲溶溶烘托其水源之高，益增秀媚。

　　以視覺摹寫雕鏤聲色如〈松郡感事〉云：

> 雉媒春草今何往，烏喙秋風舊伏兵。
> 晉時人物傳顧陸，蓴羹鱸膾風流續。
> 白鶴江流唳鶴灘，青龍水下盤龍瀆。
> 何來海上雜華夷，滬瀆今時異昔時。
> 縱令瑰貨充闤闠，寧令緇塵染素絲。

「烏喙」、「白鶴江」、「青龍水」「緇塵」四者，有三種顏色字，和「素絲」之比喻相映照，棄生善雕鏤聲色，摹寫佳妙。

　　棄生至日觀峰觀東海浴日，學者葉昌熾云泰山下岱嶽觀有唐鴛鴦碑，又云泰山日觀峰絕頂有宋馬熙（熙寧八年）、劉袞（元祐二年祈雪記）諸人題字。〔註31〕棄生於天尚未明、山氣嚴寒時至此觀日：

> 見海上蔽黑雲一道，如萬里長城，有淡紅色如薄霞，隱隱躍於黑霧
> 中，如有物在地欲升而復沉之狀。復候至六點餘，冬風刺骨，冷不
> 可支，自嶺頭回步，未幾，則日輪已升在黑雲之上，光芒為黑氣所

〔註30〕《八州遊記》，頁75。

〔註31〕葉昌熾撰，柯昌泗評，《語石‧語石異同評》（北京：中華書局，2005年重印），頁350。

濛，不甚射眼，與常時所見初日，了無以異，而昔人所謂扶桑赤烏，全體昭融，旭輪日馭，如燈吐燄，上黃白下紫赤，從萬里汪洋中，薄羅蛻脫，作紅嬰出浴之奇觀，不可得見也。反是在九江彭蠡湖口大船上，所見海中出日之形狀，爲晃蕩壯麗，蓋非會逢其適不可耳。〔註32〕

摹寫日出如〈九江中見日出〉云：

> 平生航大洋，屢曙不見日。夜半下九江，忽見日初出。海底浴金輪，世界無此質。混茫長江中，光芒韜太乙。未止三昧明，詎同五霞色。蕩蕩水晶宮，萬道綵虹飾。須臾躍近天，一食萬峰墨。九派潯陽流，向東流曷極。迴望扶桑枝，紅光繞船側〔註33〕。

浴、韜等動詞用觸覺摹寫。五霞色、綵虹飾、墨、紅光等詞用視覺摹寫。混茫、蕩蕩用疊韻疊詞，是聽覺摹寫。躍、食等動詞用視覺、味覺摹寫。

第七節　借代

所謂「借代」，就是指在談話或行文中，放棄通常使用的本名或語句不用，而另找其他名稱或語句來代替。例如以「十七歲」來代替「年輕人」。

清末推行洋務事業的鄂督張之洞，自光緒十五年（1889年）底調任湖廣總督，近二十年間在湖北初步建立一個近代工業體系，代表者如國防工業湖北槍炮廠，以及織布、紡紗、繰絲、製麻等局，另有造紙、針釘、製皮、官磚等工廠，其中如漢陽鐵廠以大冶鐵礦爲原料，是當時中國乃至東南亞地區最早、最大的鋼鐵企業。張之洞平生心儀胡林翼（1812～1861年）。胡爲咸同時期的中興名臣，與曾國藩並稱「曾胡」。張稱胡爲其受業師。此外，胡林翼撫鄂，「七年之中，四方以爲長城」，治理整頓，使湖北富強一新。而張更是長期督鄂。張稱讚胡林翼在兩廣總督任內，「名實核而征討有功」，又曾以陶侃之典喻胡，而張之洞更是「好以陶侃自命」的人。〔註34〕〈武昌懷古〉詩詠清末大臣胡林翼和張之洞：

〔註32〕《八州遊記》，頁226。

〔註33〕作者註：「六月廿四筆。」

〔註34〕李細珠著，《張之洞與清末新政研究》（上海：上海書店出版社，2003），頁29～31、164～166。陳寶琛著，《滄趣樓詩文集》（上海：上海古籍出版社，2006），頁478，〈清誥授光祿大夫體仁閣大學士贈太保張文襄公墓志銘〉。

黃鶴樓頭黃鵠磯，山川猶是昔人非。

晉時坐鎮思陶侃，宋代中興望岳飛。

萬里長江開夏汭，孤懸大別挹荊圻。

只今兵燹無虛日，襄漢橫流底處歸。〔註35〕

棄生遊漢陽，過舊武試場，時已改設紗廠，又云：「加之以興農圃，獎工業，為武漢挹注，亦豈即為蜂腰哉！」重九夜眺漢陽鐵廠，隔日至武昌，登蛇山，上抱冰堂，遊文襄祠，祠祀張之洞。〔註36〕棄生此詩以岳飛比擬胡林翼，陶侃比擬張之洞，用典貼切，詩風蒼老闊大。棄生詩中頷聯、頸聯以「思」、「望」、「開」、「挹」四個動詞，以古喻今、景中寓事，亦有「歷史縱深」的時間流動感。

第八節　映襯

在語文中，將兩種相反的觀念或事物，對列起來，兩相比較，從而使語氣增強，意義明顯的修辭方法，叫作「映襯」。

古人用映襯筆法，為棄生稱許者，如陳與義（字去非，號簡齋居士，洛陽（今河南洛陽）人，1090～1138 年）〈均陽舟中夜賦〉云：「客愁彌世路，秋氣入天河。」〔註37〕棄生稱許「不減秦淮海學謝之作。」〔註38〕「客愁」二句寫景空闊，映襯客愁彌長，的確有前賢之詩味。

棄生遊黃鶴樓，樓在今湖北省武昌市的長江南岸：

西至漢陽門內黃鶴樓，樓在蛇山尾，今止一座，亦分前後落，分列茶亭，客常滿檐，臨江漢而俯大別，登之覺寬敞，然不及舊樓什一；舊樓三層，樓閣重重疊疊，有崔顥題詩樓、太白樓、駕鶴仙亭、呂仙亭等，包裹其中，迂迴不盡，余覽其圖，蔚然大觀，然尚未知較國初豐豫時何如。舊基在前方較大，今建一警鐘亭，舊樓一葫蘆銅頂，高六尺餘，大三尋圍，存今樓後壁間，鑄在同治七年戊辰，而樓燬於光緒丙戌，然則修樓僅十七八年，而付一炬，可惜也。壁間存有乾隆壬寅學使吳省欽（沖之）一記，以樓在黃鵠磯，證黃鶴當

〔註35〕作者註：「六月初八。」

〔註36〕《八州遊記》，頁 109～110。

〔註37〕陳與義著，《陳與義集》，頁 300。

〔註38〕《寄鶴齋詩話》，頁 21。

作黃鵠，引埤雅樂府諸鶴鵠通用字為佐，具見情洽，至辨無騎鶴成
仙事，謂荀瓌字叔禕，後人遂誤添一費文禕，此則如辨女媧補天、
織女填河，殊覺無味，又屬罵題，通篇筆法亦瑣碎，如註疏體，非
序記體。余考黃鵠磯，見於《南史》齊梁二紀，及北魏酈注，而黃
鶴樓之名，亦即見於齊梁人《述異記》，二名由來古矣。記云江夏黃
鶴樓，有仙人駕鶴止戶側，已而跨鶴騰空，是先有黃鶴樓，而後有
乘鶴事，仙因樓而來，非樓因仙而名也，本此意以立言，然後參證
鶴鵠互相假借諸訓，則得體矣。叔禕，余所見古本，作叔偉，以瓌
字取義，作偉是。〔註39〕

為亭臺樓閣作記，唐以後屬古文雜記類；唐以前則可溯源於漢賦，如張衡〈兩
京賦〉，其中有描寫宮殿處。古文家此類文章在布局謀篇、敘次寫法等，均別
見心裁，自然多變。大致以本乎義理，發乎性情為原則。例如蘇軾為韓琦所
作〈醉白堂記〉，清末民初作家林紓在《古文辭類纂選評》說：

> 樓臺之記，或傷今悼古，或歸美主人之仁賢，務出以高情遠韻，勿
> 走塵俗一路，始足傳之金石。〔註40〕

「高情遠韻」的觀點，可印證棄生批評吳沖之序記內容，好像在考辨女媧補
天為真為偽，殊覺無味。文學的真實不全然符合歷史。高遠的神話想像，自
可敷演鋪寫出「高情遠韻」之詩文，端賴作家高才妙筆，不勞學者費神考據。
宋代袁文曾記「趣聞」一則：

> 程伊川一日見秦少游，問：「天若有情，天也為人煩惱，是公之詞否？」
> 少游意伊川稱賞之，拱手遜謝。伊川云：「上穹尊嚴，安得易而悔之！」
> 少游慚而退。〔註41〕

文人的「有情天」不合於理學家心目中的天。伊川責少游語，不如反躬自省，
既實踐平日夫子自道教人之諄諄，或悟才性志趣實不可勉強。清代桐城派分學
問為義理、考據、詞章三途，不知可否為程頤（伊川）、吳省欽（沖之）輩解嘲？

唐人崔顥（？～754年，字不詳，汴州（今河南開封）人）七律〈黃鶴樓〉
詩則是歷代題黃鶴樓的絕唱：

〔註39〕《八州遊記》，頁111～112。
〔註40〕姚鼐編，黃鈞等人注譯，《新譯古文辭類纂》（台北：三民書局，2006年），頁
　　　　3043～3045、3331。
〔註41〕袁文著，《甕牖閒評》（北京：中華書局，2007年10月），頁85。

　　　　昔人已乘黃鶴去，此地空餘黃鶴樓。

　　　　黃鶴一去不復返，白雲千載空悠悠。

　　　　晴川歷歷漢陽樹，芳草萋萋鸚鵡洲。

　　　　日暮鄉關何處是？煙波江上使人愁。

學者張健分析〈黃鶴樓〉詩：

　　　　此詩佳處固在意足境遠，一氣呵成，黃、白對比，題旨宛然；但是
　　　　中間四句的經營，亦有很大的功勞：三、四句可謂最高水準的「以
　　　　實為虛」：黃鶴、白雲，都是具體的事物，「不復返」和「空悠悠」
　　　　卻透顯了作者的判斷和情感。五、六兩句純是寫景，不但巧用疊字
　　　　詞，而且以川配樹、以草配洲，亦有迂曲往返之致（川、洲本為一
　　　　組，草、樹亦為一類）。而末二句之「鄉關」、「煙波江上」亦與五、
　　　　六句呼應。足見先實後虛固合乎人性的一般習慣，先虛後實亦未嘗
　　　　不能營造婉妙的意境。

此本南宋周弼（字伯弜，汶陽（今山東省泰安縣東南）人，一作汝陽人）所
編著的《唐賢三體詩法》而進一步闡發。前三句連用三次「黃鶴」而不覺煩，
反而有迴環複沓之妙。頷聯似因果流水對，對仗雖不工整，卻極自然。頷、
頸二聯虛實對應，意境婉妙。末二句，張健云：「在有意無意之間，餘音繞樑，
使人神遠。」〔註42〕清代田同之《西圃詩說》評為逸品，確為高見。

　　〈黃鶴樓〉詩援引神話，映照塵世永恆的鄉愁，欲尋一生命歸宿處而不
可得，乃映襯修辭。

　　映襯修辭中的反襯，指對於一件事物，用恰恰與此事物的現象或本質相
反的詞語加以形容描寫的，叫作「反襯」。

　　今山東臨清以北的運河，本是衛河的下游。自臨清而北至直沽，會白河
入海，明、清稱衛漕，又稱南運河。〔註43〕臨清市有德州城，城西為運河，
古為趙地。洪〈過德州一路見運河〉云：

　　　　欲望古城關，忽焉風塵起。濛濛不見城，遙見衛河水。衛河入運河，
　　　　連檣過百里。帆片白雲飛，半在白雲裏。南下接江淮，北上及燕市。
　　　　運河附鐵路，自此成雙軌。此地十二城，唐時皆戰壘。自失河北防，

〔註42〕張健著，《詩話與詩》（台北：五南圖書公司，2002年），頁67～68、303。
〔註43〕萬斯同等撰，《明史‧河渠志三》，頁2077。《清史稿校註‧河渠志二》，頁3670。
　　　　王育民著，《中國歷史地理概論》上冊，頁301。

　　永施中原箠。于今平地間，連城皆已毀。維茲戰雲生，恐再來傀儡。

　　迴首魯公祠，豈同方朔詭。

棄生至德州，欲望古城，忽焉風塵濛濛而不可見。遙見衛河入運河，河中「連
檣過百里」。「帆片」二句，言其航運遠通，可暢行南北。「南下」句，言衛
漕北接白漕（北運河），南至濟寧，循洳河入中河，南經湖漕、江漕、浙漕。
〔註44〕北至燕市，南至江淮。鐵路在此岔為雙軌，為水陸交通輻輳地。德州
市唐屬平原郡，城北十里有十二連城址如潼關。〔註45〕天寶十四年（755年），
安史亂作，平原守顏真卿與常山守顏杲卿欲斷叛軍歸路，阻其西進。平原為
唐代河北二十四郡之一，假若失防，中原即遭鞭箠，可謂唇齒相依。今日連
城已毀，民初卻戰雲迭生。恐槍桿舞弄傀儡敗政，則民苦矣。城西衛河岸有
顏魯公祠，德州市東南陵縣有東方朔墓。魯公直言諤諤，固不同於曼倩詭詞
婉諷，使用反襯修辭。

第九節　轉化

　　描述一件事物時，轉變其原來性質，化成另一種本質截然不同的事物，
而加以形容敘述的，叫作「轉化」。

　　棄生遊三泖九峰，此地位於松江縣西北平野間，屹立的一群小山丘，
最高最大為天馬山，庫公山最小。其中庫公山、鳳凰山、薛山、佘山、辰
山、天馬山、機山、橫雲山、小昆山，有「松郡九峰」之稱。唐、宋時，
九峰三泖，為江南名勝。元、明以後九峰上有寺廟、亭臺，山下有園林，
羅列為十景。庫公山傳說是秦代亢桑子隱居處；鳳凰山形如延頸舒翼的風
鳥；薛山在唐代有薛道約隱居，又名玉屏山；佘山為九峰之冠，有東西兩
山，西佘山翠竹幽篁，筍有蘭香，又名蘭筍山；辰山又名神山，傳說元代
有道人彭素雲居此；天馬山上多寺院，有燒香山之稱；機山相傳為晉代文
學家陸機所居，山下有平原村，均稱陸機遺跡；橫雲山則為陸雲所居，山
上多峭壁，故有聯雲嶂、麗秋壁之景、旁邊有赭色小山，有「小赤壁」之
稱；小昆山傳說古代產玉，山形如覆盆有「婉孌昆岡」之景。〈乘舟遊九峰〉
云：

〔註44〕《清史稿校註·河渠志二》，頁3670。
〔註45〕《八州遊記》，頁234。

乘蹻來笠澤，理櫂凌層瀾。此間云水國，尋水亦尋山。三泖雖云大，
四面無高巒；九峰雖云小，峰峰水迴環。或如壞一簣，或如雲一團。
最昂天馬[註46]首，名挂干將干。其上多古寺，其下列通闤。我歷
四五峰，離立碧波灣。佘山林木秀，辰山蒼筬攢。鳳凰露鳳尾，機雲
[註47]入雲端。其傍倚窈窕，臨水低螺鬟。我愛水如繡，不厭山俯顏。

春秋時期，吳國的青銅冶鑄業已相當發達。當時著名的干將、莫邪夫婦，據
《吳越春秋・闔閭內傳》云：「干將作劍，採五山之鐵精，六合之金英……使
童女、童男三百人鼓橐裝炭，金鐵刀濡，遂以成劍。」此詩「最昂天馬首，
名挂干將干。」頗有明快如劍之風。「三泖雖云大」四句以映襯筆法和近於頂
真句法，寫有水無高山，山水迴環景色。「或如壞一簣」二句明喻，以下用映
襯對比寫高處禪寺通山下塵寰，「佘山」二句對偶，再寫名勝，用擬人筆法，
轉化群峰如女子窈窕，臨水低螺鬟，風格偏向淡雅秀麗，明快清新。試以江
左蘇州的繪畫趣味為例，吳地書畫家輩出，畫家如南朝宋的陸探微，與顧愷
之並稱顧陸，以及南朝梁張僧繇。自元代趙孟頫以圓轉遒麗、瀟灑溫雅風格
為百代師。影響所及，吳地書畫家如祝允明（字希哲，號枝山，吳縣人，1460
～1526年）、文徵明（名璧，字仲徵，以字行，蘇州人，1470～1559年）、王
寵（字履古，號雅宜山人，1491～1533年），以及仇英、唐寅等。所謂「吳門
書派」、「吳門畫派」，強調筆情墨趣，即興寫意、瀟灑脫俗。後代如清初四王
（王時敏、王翬、王原祁、王鑒）一脈相承，風格偏向淡雅、秀麗、明快、
清新，[註48]形成所謂「吳趣」。蘇州人強調的「吳趣」表現內容在山川寺廟、
造園疊石、絲綢刺繡、戲曲音樂、書畫詩文等。末句「我愛水如繡」是譬喻，
頗有「吳趣」。「不厭山俯顏」是轉化中的擬人，寫山水有靈，映照生趣。

第十節　譬喻

　　譬喻，是指在語文中「借物喻此」的一種修辭方法，又稱比喻、取譬、
取喻，打比方，是一種最常見，最活潑，最有情趣的語文表達方式。自有語
言文字以來，「依物託意」的譬喻修辭法就廣泛地被運用與發展。譬喻由「喻
體」、「喻詞」、「喻依」三者配合而成。「喻體」是所要說明的事物主體，「喻

[註46] 作者註：「天馬山又名『干山』。」
[註47] 作者註：「二山名。」
[註48] 石琪主編，《吳文化與蘇州》，頁494、512、515。

詞」是連接喻體和喻依的語詞,「喻依」是用來比方說明此一主體的事物。譬喻因喻體、喻詞的省略或喻詞的改變,可分爲明喻、隱喻、略喻、借喻四種。

棄生遊天津時,由塘沽港坐船出海。塘沽港在海河大沽口北岸,是天津的外港,水陸交通很便利。〈自三岔口過租界下海河行百餘里中經溏沽大沽出海〉云:

> 輪船駛河中,兩岸高且廣。行行百餘里,處處見搖榜。河中共打冰,
> 冰中薀兩槳。接海雙長鏡,中流天色朗。河水衝冰行,冰涂時分兩。
> 岸左見塘沽,高樓兼廣廠。……

詩敘輪航,一路上處處可見搖榜打冰的小舟。將近塘沽,別一河頗大,從右入海河,爲分南運河至天津之引河,水面至此始宏闊,如「接海雙長鏡」,天色爲之開朗,詩化用李白「兩水夾明鏡」句,「天色」句寫景清空。「河水」二句言「河之急流,時時衝冰而下。」〔註49〕前寫打冰,此處寫急流衝冰。參差言之,有斷續沈吟之妙。「岸左」句寫塘沽多高樓廣廠,市況繁盛。

古代文人喜用婦女來譬喻,有新鮮超俗之趣者如宋代蘇軾。袁文(字質甫,四明鄞州(今浙江鄞縣)人,生於北宋徽宗宣和元年(1119年),卒於南宋光宗熙紹元年(1190年))云:

> 蘇東坡不甚喜婦人,而詩中每及之者,非有他也,以爲戲謔耳。其曰:「短長肥瘠各有態,玉環飛燕誰敢憎」,乃評書之作也。其曰:「欲把西湖比西子,淡妝濃抹總相宜」,乃詠西湖之作也。其曰:「戲作小詩君勿誚,從來佳茗似佳人」,乃謝茶之作也。如此數詩,雖與婦人不相涉,而比擬恰好,且其言妙麗新奇,使人賞玩不已,非善戲謔者能若是乎?〔註50〕

蘇軾詩以女子譬喻,以幽默眞切見長,其詩如〈登常山絕頂廣麗亭〉云:

> 西望穆陵關,東望琅邪臺。西望九仙山,北望空飛埃。相將叫虞舜,
> 遂欲歸蓬萊。嗟我二三子,狂飲亦荒哉。紅裙欲仙去,長笛有餘哀。
> 清歌入雲霄,妙舞纖腰回。自從有此山,白石封蒼苔。何嘗有此樂,
> 將去復徘徊。人生如朝露,白髮日夜催。棄置當何言,萬劫終飛灰。
> 〔註51〕

〔註49〕《八州遊記》,頁281。
〔註50〕袁文著,《甕牖閒評》,頁80。
〔註51〕蘇軾著,王文誥輯注,《蘇軾詩集》(北京:中華書局,1999),頁686。

此詩紀昀評「篇幅不長而氣脈極闊」，乃其本色。「一起從老杜『熊羆咆我東』四句化出。好在作起筆，若在中間則凡語矣。」〔註52〕詩作於蘇軾知密州（今山東諸誠縣）任時，在杭州通判之後。其〈超然臺記〉云：「釋舟楫之安，而服車馬之勞；去雕牆之美，而蔽采椽之居。」可印證詩境。「紅裙」句回憶通判杭州時之紅裙白酒，超然自適。棄生評：「起致之妙，何減李、杜、高、岑。」又評「自從」以下四句：「是爲東坡本色。」〔註53〕超然於喜樂，具見性情。其天性不昵婦人，李一冰云：

> 蘇軾性情豪爽，口沒遮攔，凡事缺少耐力，非但不善與女人繾綣，甚至家裏的婦人，包括他太太在內，也不常見面說話，他只喜歡和朋友在一淘高談闊論，沒有耐心和婦人孺子廝磨，所以他雖常日參加飲宴，置身眾香國裏，卻永遠站在膩熱氛圍之外，默默欣賞少女的風情，享受衣袂間散發出來的香氣，而很能克制感情，決不在這方面形成氾濫。〔註54〕

起筆氣脈極闊，中幅以婦女譬喻，有摧剛爲柔，化壯爲美的趣味。而「克制感情，決不在這方面形成氾濫」，能放能收乃東坡詩境佳處。

棄生詩以婦女譬喻者如〈江中三面視小孤山作小姑曲〉。宋代歐陽修《歸田錄》云：「江西有大小孤山，在江水中，嶷然獨立，而世俗轉孤爲姑。江側有一石磯，謂之澎浪磯，遂轉爲彭郎磯，云彭郎者，小姑婿也。嘗過小姑廟，像乃一婦人，而額題爲聖母廟，豈止俚俗之謬哉！」〔註55〕袁文云：

> 大孤山、小孤山，本是此孤字，今廟中乃各塑一婦人像，蓋譌孤字爲姑字耳。其地有孟浪磯，亦譌爲彭郎磯，相傳云：「彭郎，小姑婿也。」其言尤可笑。蘇東坡〈遊孤山訪惠勤惠思〉詩云：「孤山孤絕誰肯盧，道人有道心不孤。」可證其誤矣。至僧祖可作大孤山詩乃云：「有時羅襪步微月，想見江妃相與娛。」則又以大孤爲大姑矣。〔註56〕

袁文所言誠是，只是引蘇軾詩中的「孤山」在杭州西湖，與大孤山、小孤山無關，此處錯誤。可見宋代已比擬江中孤山如女子。洪〈江中三面視小孤山

〔註52〕《紀昀評點東坡編年詩》，卷14，頁8。
〔註53〕《寄鶴齋詩話》，頁78。
〔註54〕李一冰著，《蘇東坡新傳》（台北：聯經出版公司，1996），頁196。
〔註55〕歐陽修著，《歸田錄》（北京：中華書局，1997年印刷），頁35。
〔註56〕袁文著，《甕牖閒評》（北京：中華書局，2007年10月），頁57。

作小姑曲〉云：

> 江中一小孤，垂鬢若嬌女。小姑嫁彭郎，如何仍獨處？迢迢在中流，
> 應有無郎愁。愁水又愁風，孤懷日向東。我相小姑背，復望小姑面。
> 雲煙堆滿頭，迴頭笑相見。一拳立江中，上策儲火攻（小孤有砲臺）。
> 小姑碩且武，婕好能當熊。人愛小姑媚，我愛小姑健。微步凌空波，
> 窈窕終不變。睥睨馬當君，糾糾倚長岸。

小孤山高三十丈，周迴一里，在江西彭澤縣。孤峰聳峻，半入大江。〔註57〕
棄生謂小姑山窈窕單椒，與馬當隔水離立，如臨鏡對望。自西南面緣至山頭，
被於山肩，遍生細秀佳樹，如美人委長髮，如髻女垂雙鬢。山後東北麓水際，
涌生珠圓一拳石，復如漢女解珮江皋，如繫明珠繡襦後。山中藏有砲臺，如
孫夫人俠侍刀劍，以此與馬當相視而笑，恐馬當或自慚粗材，如項羽之對虞
姬。〔註58〕刻劃細膩，奇麗兼具。詩語以擬人手法，舖敘小姑望郎之情語。「愁
水又愁風，孤懷日向東。」款款動人。「我相小姑背」四句，若美人與之目成
而笑，語句靈動。「一拳立江上」二句一頓，再分寫小孤之媚與健。「微步凌
空波」四句，譬如女神凌波微步，旋即睥睨糾糾而倚，若逢若拒，若喜若怒，
以狀深幽窈窕之神。「垂鬢若嬌女」，詩雖用擬人手法，一開始卻先用譬喻。
此外，詩以婦女譬喻者如李商隱〈霜月〉云：

> 初聞征雁已無蟬，百尺樓南水接天。
>
> 青女素娥俱耐冷，月中霜裏鬥嬋娟。〔註59〕

將月亮和霜比作兩個女人在冷戰，鬥淒清、鬥無情。適合在樓台觀戰，靜靜
欣賞秋景之美。棄生〈雪夜過北倉〉云：

> 一路澹霏霏，初疑微雨散。及睹細絮飛，方知為集霰。平生在炎荒，
> 此景未曾見。天公作玉戲，青女宣白戰。頓使銀海搖，亦令瓊樓眩。
> 冒雪到此間，地已近京旬。是唐河口倉，亦如宋有汴（汴倉）。自逢
> 喪亂秋，天庾無由繕。倘儲敖山粟，當應洛倉變。我過北倉來，再
> 向南倉盼。夜深燈火稀，雪花飛片片。是雪等閒看，豈能豐麥麵。
> 莫作瑞雪歌，已無慶雪宴。

「天公作玉戲，青女宣白戰。」將下雪比作天公作玉戲，青女宣白戰比作女

〔註57〕樂史撰，《太平寰宇記・彭澤縣》，頁180。
〔註58〕《八州遊記》，頁61。
〔註59〕李商隱著，朱恆夫、姚蓉、李翰、許軍注譯，《新譯李商隱詩選》，頁570。

人在冷戰，意象承自李商隱。首八句如棄生云：

> 十月初五晚，一路霏霏，濕衣沾面，初以爲細雨，既見風吹白絮，
> 始悟爲下雪如雨者，《詩》所謂「先集維霰」也，夜半入正陽門，電
> 火如晝，路上積滿雪花，足跡所履，或似雨水，路傍有積白五六寸
> 者，雖寒不可支，而得見天公玉戲，亦南人眼福矣；越日嚴凍，樓
> 上樓下，處處堅冰，過於臺灣大寒天氣。〔註60〕

北倉爲天津港的駁運碼頭，位於天津北的武清區附近，有鐵路經過。漕糧及
貨物由此北運至通州，猶秦敖倉，漢甘泉倉，隋洛口倉，唐河口倉，宋汴口
倉。〔註61〕棄生雪夜過此，初見霏霏澹澹，疑爲微雨；繼而如柳絮紛飛，始
知爲雪霰。「平生」二句，頗有「夏蟲不可語冰」之自嘲。設想如天公作白
玉獻，青女宣白霏雪戰。蘇軾「凍合玉樓寒起粟，光搖銀海眩生花。」之清
景活現眼前，〔註62〕因有「頓使」二句。「冒雪」四句，言北倉猶宋之汴倉，
爲漕糧屯積地。清末庚子拳亂，八國聯軍入侵天津，此天庾久已缺乏繕治，
應急濟災之功能大減。雪花片片，可是豐年之兆？古汴梁有送雪風俗，每歲
雪數下，以小盒盛之，送親知爲瑞，或舉觴開宴，此蓋本於宋宮瑞雪宴遺風。
〔註63〕南宋賀瑞雪，則本自紹興十三年秦檜始奏。〔註64〕棄生遊此訪俗，而
時俗已廢矣。

第十一節　象徵

象徵的定義，學者黃慶萱云：

> 任何一種抽象的觀念、情感、與看不見的事物，不直接予以指明，
> 而由於理性的關聯、社會的約定，從而透過某種意象的媒介，間接
> 加以陳述的表達方式，我們名之爲「象徵」。

黃慶萱認爲象徵近於賦比興的「興」，舉唐司空圖著《詩品》二十四則，其一
爲「雄渾」，中有八字：「超以象外，得其環中。」引申無論詩的創作或欣賞，
都要在表面的意象之外，闡發或領會其潛存的旨趣。並舉宋梅聖俞「續金針

〔註60〕《八州遊記》，頁238～245。
〔註61〕《八州遊記》，頁237。
〔註62〕宋蘇軾撰，《蘇東坡全集》上冊，〈雪後書北臺壁二首〉其二，頁70。
〔註63〕《八州遊記》，頁168。
〔註64〕脫脫撰，《宋史・秦檜傳》。

時格」所說:「詩有內外意,內意欲盡其理,外意欲盡其象,內外意含蓄,方入詩格。」認爲這就與柯立芝所說「象徵與概念之交互作用」相似了。〔註65〕棄生詩〈舟出會稽鏡湖夜至上虞縣曹娥江曹娥壩月下見東山〉云:

> ……東山絲竹今何往,娥江風月我來遊。聞道山頭可望海,薔薇洞〔註66〕中裙屐在。何爲娥江到剡溪,雪夜行舟路不迷〔註67〕。

美國詩人羅伯特‧佛洛斯特的詩〈雪夜林畔(Stopping by Woods on A Snowy Evening)〉末四句:「The woods are lovely,dark,and deep, /But I have promises to keep, /And miles to go before I sleep, /And miles to go before I sleep.」誠如尤克強的評論:「用幽暗的樹林象徵死亡和歇息的誘惑,營造出一幅飄逸蒼涼的意境。」〔註68〕以波赫士的舉例印證,提到末二句:「這兩段詩的意思幾乎是相同的。不過它們所帶動的感受卻很不一樣。」「我相信我們是先感受到詩的美感,而後才開始思考詩的意義。」〔註69〕棄生詩此處暗用《世說新語‧任誕》王子猷雪夜詠左思〈招隱詩〉,忽憶戴逵,乃乘舟訪之剡溪,卻造門不前而返。只因「乘興而行,興盡而返。」〔註70〕棄生亦雪夜行舟,遙想前賢豁達,卻不忘繼續行旅的嚴肅。用朱光潛的話,其情懷並有「嚴肅與豁達之勝。」〔註71〕如羅伯特‧佛洛斯特的詩,營造出一幅飄逸蒼涼的意境。遊湖北省汀泗橋,汀泗橋爲湖北省咸寧市南面重鎮,〈汀泗橋〉云:

> 小山交迴在,人家遞隱現。月色與電光,掩映如明練。前年湘鄂爭,
> 此地兵戎見。美麗山川作戰場,哀哉亂世民物賤。

民國十年(1921年)湘鄂戰爭,時趙恆惕、宋鶴庚等,率數萬湘軍圍攻北地,終以天險難克而敗退,吳佩孚遂得奄有全鄂。〔註72〕洪棄生詩由東面峻嶺敍起,但見人家遞隱現。「月色」二句,明澄夜色中幾許闃寂。末歎大好山川淪

〔註65〕黃慶萱著,《修辭學》(台北:三民書局,1989),頁337~358。

〔註66〕作者註:「即在東山。」

〔註67〕作者註:「十月廿午作。」

〔註68〕羅伯特‧佛洛斯特(Robert Frost)著,曹明倫譯,《佛洛斯特詩選》(台北:愛詩社出版公司,2006年),尤克強序,頁9。

〔註69〕波赫士著,陳重仁譯,《波赫士論詩談藝》(台北:時報文化公司,2001年),頁108。

〔註70〕劉義慶編撰,劉正浩等注釋,《新譯世說新語》(台北:三民書局,2012年),頁724。

〔註71〕朱光潛著,《談美》(台北:金楓出版社,1987年8月),頁124。

〔註72〕張昭然著,〈汀泗橋戰役研究〉(《國史館館刊》復刊第四期,1988年6月出版),頁106。

為戰場。亂世民物命賤，令人哀歎。遊湖南省羊樓峒，〈過羊樓峒及雲溪爲湖南臨湘地〉云：

> 車行五百里，客路入臨湘。山川忽蟠結，陡起巴邱旁。高低互聳翠，
> 雲物鬱蒼蒼。迢遞湘鄂間，畫障秀屏張。惜哉好江山，長作古戰場。
> 當初攻粵寇，兩次復武昌。此地爲發軔，大軍出湘鄉。迨兹革命後，
> 同室起鬩牆。爭城爭戰地，雲山供奪攘。憬彼豺狼群，碎我錦繡疆。
> 夜過羊樓峒，月下雲溪長。山川帶落月，猶未露晨光。明朝洞庭路，
> 君山對岳陽。

羊樓峒即今湖省省羊樓司，雲溪在其西，皆屬古臨湘地（今湖南臨湘市）。咸豐五年（1855 年），太平軍屢敗湖北清軍，武昌復陷。曾國藩命羅澤南移師湖北會剿。澤南與彭三元等人克崇陽，駐軍羊樓峒，進而清剿武昌以南之太平軍。〔註73〕羊樓峒左右皆有山，西一山自平地拔尖峰，似崑山城中山，而尤聳秀。「山川忽蟠結」，聳起高聳，彷彿畫障秀屏，可惜卻淪爲戰場。咸豐四年（1854 年）及六年（1856 年），湘軍兩次克復武昌，即由此出境入湖北。〔註74〕辛亥革命後，軍閥「以此山川供奪攘，鬩牆之害，烏可堪哉。」「然當時（按：指湘軍）以兵平亂，今時以兵召亂，相去遠矣。」軍閥如豺狼，破碎錦繡河山。夜過此地，見月下雲溪多山，月臨山頂，如置銅鉦。〔註75〕「猶未」句言黑夜未央，曙光未露，隱然心憂。明朝即至洞庭，岳陽樓君山之景，不勝期待。天地夜未央，期待黎明曙光，用象徵筆法。

第十二節　雙關

　　雙關是用一詞語同時關顧到兩種不同的事物或兼含兩種不同的意義的修辭方式。雙關是一種歷史悠久的表達方法，在古代的史傳、民歌、小說、戲曲中，即廣泛的被使用。雙關的分類歸納起來可分爲三類：（一）諧音雙關、（二）詞義雙關、（三）句義雙關。

　　民國十一年（1922 年）重九，棄生夜宿漢陽，登琴臺以懷古，琴臺典出伯牙、鍾子期高山流水的知音相賞，出自《呂氏春秋・本味》、《列子・湯問》。棄生見漢陽鐵廠云：

〔註73〕《清史稿校註》，卷 414，頁 10095，〈羅澤南傳〉。
〔註74〕《清史稿校註》，卷 482，頁 10804。〈洪秀全傳〉。
〔註75〕《八州遊記》，頁 116。

> 見鐵廠紅爐溶溶，光可爍漢。鐵滓紅如丹砂，滉如朱水。涌出湖岸，
> 欲再填明月湖以廣廠地。月湖舊分東西，東湖已湮其一，若並西月
> 湖而湮之，則漢上又殺一風景矣。〔註76〕

清末漢陽鐵廠創成於光緒十九年（1893 年），創設者爲時任湖廣總督的張之洞。光緒三十四年（1908 年），鐵廠與大冶鐵礦及萍鄉煤礦合併爲漢冶萍煤鐵廠礦有限公司。〔註77〕棄生〈九日登漢陽琴臺〉云：

> 同過碎琴山，言訪古琴臺。高山流水遠，遺蹟上蒼苔。登臨若畫圖，
> 林木淨無埃。幸無風雨至，又見菊花開。湖水澄半月，江流去不回。
> 鐘期今已矣，佳節且銜盃。落帽聽琴人，漢上何徘徊。歸見漢陽廠，
> 鼓鞲方揚灰。紅鎔積水湮，渣滓湖渚埋。湖山不可保，何況琴聲哀。

重九下午，棄生乘舟入明月湖，訪湖南邊之伯牙琴臺，在漢陽城迤北二里。其臺爲乾隆六十年（1795 年），畢沅任湖廣總督時築，額曰：「古琴臺」。畢沅，字纕蘅，江南鎮洋人，康熙六十年任湖廣總督。〔註78〕嘉慶元年（1796 年），汪中代畢氏作〈漢上琴臺之銘〉一文。汪中，字容甫，江都人，專意經術，熟於諸史地理，山川阸要，生平於詩文書翰無所不工，有《述學內外篇》等著作。〔註79〕銘詞當時盛傳，時已不存。尚存黃彭年光緒十年（1884 年）一記，記中述三次至此，前後已歷三十餘年，而風景不如往昔。黃彭年，字子壽，貴州貴筑人，光緒八年（1882 年），擢授湖北安襄鄖荊道，遷按察使。棄生又得知辛亥毀損後，更不如光緒時之觀。〔註80〕「登臨若畫圖，林木淨無埃。」彷彿汪中銘文「微風永夜，虛籟生林」之雅韻。〔註81〕「幸無風雨至，又見菊花開。」則寫節候景物之雅。棄生歸見漢陽鐵廠方鎔鐵揚灰，又欲埋湖擴廠，「揚灰」喻此爲湖山之劫灰。不禁有「何況琴聲哀」之歎，「琴」、「情」同音，語帶雙關，是「諧音雙關」。寓情於景，含蓄生動。「落帽聽琴人」，落帽用桓溫參軍孟嘉九日龍山落帽的典故，狂態可掬。「何況琴聲哀」，又有「空

〔註76〕《八州遊記》，頁 110。
〔註77〕參引自全漢昇〈清末漢陽鐵廠〉一文。收於全漢昇等人著，《中國近代現代史論集第九編。自強運動（四）工商業》（台北：商務印書館，1985 年 8 月初版）。
〔註78〕《八州遊記》，頁 105。見國史館編，《清史稿校註》（台北：國史館，1991 年 6 月初版），卷 339，〈畢沅傳〉。
〔註79〕《清史稿校註》，卷 488。
〔註80〕《八州遊記》，頁 105。見《清史稿校註》，卷 441。
〔註81〕汪中著，〈漢上琴臺銘文〉，引自鄭吉雄註釋，《古今文選》（台北：國語日報社，1990 年 12 月第一版），新第 677 期。

山鼓琴，沉思獨往。」之神態，詩有隱秀風格。

　　甲午戰後，清廷旅順、威海衛既失，乃以天津塘沽為軍港。〔註 82〕辛丑和約後撤去砲台。光緒二十八年（1902 年），聯軍允清廷照舊駐紮天津，但華兵不進入天津附近二十里內，及砲台不得重修，城垣不得重建等事。民國十年（1921 年），中、德訂約，邦交恢復，一切平等。〔註 83〕〈南返天津出海作〉其一云：

> 雪地冰天返旆過，析津箕尾異風多。
>
> 孤城久失三軍港，一水遙通五大河。
>
> 此日神京空保障，當年滄海竟揚波。
>
> 倦遊我欲吳淞去，洋市重重喚奈何。

天津時已雪地冰天。星宿分野，尾箕屬幽州；十二次中，析木為燕。天津西四十五公里的塘沽港，其潮流漲落受東南風及西北風或北風的影響很大。以西北風最猛，東南風最多，〔註 84〕可謂「異風多」，又暗指外國租界林立，是「詞義雙關」。然「百二十里，全無險阻，又無營衛，今何其疏歟？」故詩歎云：「久失三軍港」、「神京空保障」，咎在庚子拳亂，惹來列強揚波挺艦以來侵。棄生當年所見的建築，如今已成天津極有特色的西洋巴洛克形式的街市建物。〔註 85〕

第十三節　排比

　　排比是用結構相似的句法，接二連三地表示「同一範圍」、「同一性質」的意念，叫做「排比」。因為接二連三，而且句法相似，所以可使語勢增強、感情深化，對於物象而言，可更明析且層次清楚，所以無論用來敘事、抒情或說理，都有十分良好的效果。例如〈自松江泛入圓泖更至大泖涉長泖〉

> 重重度石梁，灣灣趁斜陽。樓店接村家，前路白茫茫。出城十里餘，
>
> 但見一水長。雲間無限橋，一橋雲間昂〔註 86〕。過橋見江漢，遠通
>
> 歇浦黃。一汊達天馬，已近三泖傍。泖口波千頃，泖水綠萬行。漸

〔註 82〕《清史稿》，卷 136，〈兵志‧海軍〉，頁 4051。

〔註 83〕郭廷以著，《近代中國史綱》上冊，頁 394～396、546。

〔註 84〕王洸著，《中國海港誌》（台北：中華文化出版事業委員會，1954 年 6 月再版），頁 49。

〔註 85〕黃光男著，〈天津迷煙〉（2014 年 1 月 8 日星期三，聯合報副刊）。

〔註 86〕作者註：「一橋獨名『雲間』。」

入波彌闊，有嶼兼有防。浮灘如海島，迴水若瀟湘。自行鏡湖後，
再見水雲鄉。方諸秀州水，可吞百鴛鴦。舟行不覺遠，水闊不可量。
忽然蕩湖泖，一天浸汪洋。一塔浮樹杪，下蘸水晶房。登寺望君山，
俯視章練塘〔註87〕。

一橋雲間昂、一汊達天馬、一天浸汪洋、一塔浮樹杪等排比句，有寫景特出
的效果。泖口波千頃，泖水綠萬行。浮灘如海島，迴水若瀟湘。以上四句用
層遞、譬喻修辭，配合排比句式，寫景壯闊而奇想動人。

第十四節　反語

反語是把正面的意思反過來說，而且其中含有諷刺的意思。例如〈南返
天津出海作〉其二云：

小駐津門近小寒，一天冰凍海門灣。黃雲東去黃龍塞（鐵路達奉吉），
白水西來白馬關（白河入白馬關）。屼屼好爲畿輔鎭，茫茫不見海防
山（岸作大沽）。長河每有輪船泊，無限夷人在市闤。

其二言小寒已近，船緩駛至塘沽，一路有小舟結隊以篙破冰。〔註88〕京奉鐵
路由北平正陽門，經天津、塘沽、山海關而至瀋陽。〔註89〕頸聯言天津屼屼
爲畿輔鎭，「好爲」關鎭卻不知設防；而大沽茫茫不可見，「不見」暗指長防
已撤，門戶洞開，以「倒反」語致諷。「長問」二字歎外國租界盤踞市闤。倦
遊欲返吳淞，上海何嘗不是十里洋場？國勢凌夷，只能徒呼奈何。

第十五節　對偶

將語文中字數相等、詞性相同、句法相似的文句，成雙作對的排列在一
起的修辭方法，叫做「對偶」。

〈南返天津出海作〉其二云：「小駐津門近小寒，一天冰凍海門灣。黃雲
東去黃龍塞（鐵路達奉吉），白水西來白馬關（白河入白馬關）。屼屼好爲畿
輔鎭，茫茫不見海防山（岸作大沽）。」「小駐」、「小寒」、「黃雲」、「黃龍塞」、
「白水」、「白馬關」、「屼屼」、「茫茫」，皆類疊且對仗，益見其律體之工對。

〔註87〕作者註：「廿二午。」
〔註88〕《八州遊記》，頁277、281。
〔註89〕凌鴻勛著，《中國鐵路史》（台北：商務印書館，1981年7月初版），頁87。

　　棄生論詩，評陳與義（字去非，號簡齋居士，洛陽（今河南洛陽）人，
1090～1138 年）的七律不如蘇軾，簡齋七律雖遜於蘇軾，然別有一種學習杜
甫而自出變化者。誠如錢鍾書云：「至南渡中興，陳簡齋流轉兵間，身世與
杜相類，惟其有之，是以似之。」〔註90〕錢氏舉其七律如〈登岳陽樓二首〉
等雄偉蒼楚之作，乃簡齋得意之作，非蘇軾可比。〈登岳陽樓二首〉其中一
首的頷、頸二聯云：「萬里來游還望遠，三年多難更憑危。白頭弔古風霜裡，
老木滄波無限悲。」〔註91〕縮合時空，寫景壯闊，又即景生情，情懷蒼楚。
棄生〈漢口夜望〉云：「舟楫亂滄洲，魚龍夜不收。獨憑江上望，何處洞庭
秋〔註92〕。」以個人身世對比壯闊湖山，情調似之。〈自武昌回漢口〉云：

> 鶴樓南樓跡已陳，輪航來往漢陽濱。
>
> 夾江兩岸三雄鎮，臨水萬家八達津。
>
> 卻月城邊鸚鵡客，晴川閣下鰕魚人。
>
> 題襟更望芳洲樹，千里滄波一愴神〔註93〕。

頷聯寫景壯闊，頸聯懷想古代文人禰衡和張志和。禰衡剛直善罵而枉死，張
志和則隱居以求其志。此二聯景闊意警，似陳與義詩。

第十六節　誇飾

　　誇飾，又叫夸飾。在語文中誇張鋪飾，超過了客觀事實的一種修辭方法，
是為「誇飾」。誇飾是一種「出語驚人」、「誇張其辭」與「言過其實」的修辭
手法，雖然它遠超過客觀事實，但主觀方面它只要是出於作者情意的自然流
露，客觀方面它就不會使人誤會，而且會被視為理所當然。誇飾運用得當，
不但可以使平淡無奇的句子，變為新奇鮮明，同時能夠聳動情感，加強印象，
彰顯作者所要表達的情意，藉以打動讀者的心坎，領略作者的真意。

　　棄生遊安慶，引清代文人商盤〈攔江磯〉云：

> 長江如修龍，蜿蜒向東下。庚神不能鎖，其勢實雄霸。天帝敕六丁，
>
> 挾石為堰壩。千尋互縱橫，萬力防傾瀉。赴海得停機，約束勞造化。
>
> 陽侯謹受命，違則罰無赦。我行秋冬交，水勢殊少謝。圭角露危磯，

〔註90〕錢鍾書著，《談藝錄》（野狐出版社，出版地及年月不詳），頁 204。
〔註91〕陳與義著，《陳與義集》（北京：中華書局，2007），頁 539。
〔註92〕作者註：「初十夜。」
〔註93〕作者註：「初九日續句。」

彷彿虹梁架。百繩挽一舟，有帆安敢駕？長年老解事，快從急溜借。
始知天地間，利鈍爭一罅。鎮躁免險巇，解紛在閒暇。臥看江流安，
明鏡光新矴。〔註94〕

棄生此遊大陸，乘舟自上海溯洄而行。農曆八月二十七日舟到北岸安慶省治，
棄生於舟中望見附郭懷寧縣城一塔。遊記云：

安慶為瀕江大城，往來憑小艇，竟無臨江之步，亦無薑船（立於水
中以代碼頭），殊不可解。豈產貨小耶？讀乾隆時商寶意詩，極形容
攔江磯截江險要。按其地在省會，前臨江有砲臺，余左右望無所見，
細玩「天帝敕六丁，挾石為堰壩」之句，此蓋石磐陀之類，非遠望
所得也。〔註95〕

商盤詩「天帝敕六丁，挾石為堰壩。」為誇飾。商盤〈安慶〉五律二首云：

形勝今為省，繁華古建都。鄉風全近楚，江氣茶吞吳。逼岸千帆勢，
懸城八卦圖。大觀亭上望，舊跡半榛蕪。（其一）

地處荊襄下，居然坐鎮雄。時平無鼓角，秋老有蘆楓。霸業銷唐主，
名山對皖公。獨宜高季迪，吟斷夕陽中。（原註：明高啟〈登皖城〉
詩：「殘兵鼓角夕陽中」。）〔註96〕（其二）

其一引三國典故，強調此地古來即為險要之地。其二「霸業」一聯，洪棄生
引用《江南志》稱「皖山在懷寧縣西十里，為皖伯封地，與潛夫、天柱山連
綿，三峰鼎峙，扞蔽長淮，積翠萬仞，豈遠望有難窺歟？」他歷數咸豐三年
（1853 年）太平天國戰亂，此城陷。又敘懷寧西岸北上九十里，「臨江有樅
陽鎮，西漢有樅陽縣，即武帝射蛟作盛唐樅陽歌處也。」〔註97〕〈泊安慶城
南〔註98〕〉云：

自出建康來，形勝斯為最。江行二里餘〔註99〕，聳見大都會。天塹
抱城邊，雲墉枕水外。襟帶控中流，煙寰鬱蒼薈。遠峰江上觀，裊
裊若陰靄。何處皖公山，天末辨螺黛。咫尺攔江磯，作此江上塞。

〔註94〕 商盤著，《質園詩集》（四庫全書存目叢書補編，濟南，齊魯書社，2001），卷
10，頁 504。
〔註95〕 《八州遊記》頁 58。
〔註96〕 《質園詩集》，卷 10，頁 504。
〔註97〕 《八州遊記》，頁 57～58。
〔註98〕 此詩又見連橫《臺灣詩薈》第 22 號，1925 年 10 月 15 日。
〔註99〕 編者按：「江行二里餘」，《臺灣詩薈》作「江南千里餘」。

惜哉視不眞，隱躍黿鼉背。獨塔凌長空，波濤湧溯湃。去去不移時，

迴舵見城內〔註100〕。

誇飾形勝斯爲最，如「天塹抱城邊，雲墉枕水外。」「惜哉視不眞，隱躍黿鼉
背。獨塔凌長空，波濤湧溯湃。」可與商盤詩相印證。

第十七節　類疊

類疊指同一個字詞語句，接二連三反復地使用著，叫做「類疊」。「類疊」
分爲（一）疊字，如「餘音嫋嫋」。（二）類字，如蘇軾〈赤壁賦〉：「如怨、
如慕、如泣、如訴。」（三）疊句，如辛棄疾詞〈醜奴兒〉：「少年不識愁滋味，
愛上層樓，愛上層樓，爲賦新詞強說愁。」

《八州詩草》此類修辭的詩作，如〈至萊州海至登州見蓬萊山丹崖山作〉
云：「神人遺石梁，鞭血滿山礱。至今召石嵐，映日紅灼灼。」疊字如「石」；
疊詞如「灼灼」。

此外，要形容山陰道上的美景應接不暇，重重疊疊，宜用類疊法。如〈由
清江入鏡湖行山陰會稽道〉云：

一路山水佳，重重復〔註101〕疊疊。舟行鏡湖中，左右難應接。鏡
湖明若鏡，山山舒笑靨。誰謂冬山睡，對鏡何妥貼。鏡屏既玲瓏，
山屏益龍葱。朝霞及暮靄，變幻入晴空。一轉開一面，百疊丹青現
〔註102〕。一水澂玉匣，千峰展畫扇。有時似新妝，來俯鑑湖傍。
日行山陰道，日爲看山忙。更望會稽山，搖曳若耶水。越山何其多，
半入長湖裏〔註103〕。

「鏡」湖如「鏡」。「山山」爲疊詞，接喻多山如睡，映於鏡中。擬人手法，
筆觸靈動。「鏡屏」、「山屏」二句句式相似，「玲瓏」同部首，「龍葱」亦然。
「一轉」、「一面」、「一水」，卻有「百疊」丹青，「千峰」畫屏，乃數大之美。
「日」行又「日」忙，只爲看「會稽山」、「越山」。又如〈舟出會稽鏡湖夜至
上虞縣曹娥江曹娥壩月下見東山〉云：

一水遙遙出鏡湖，中流緩緩輕擊汰。風清吹向曹娥江，月明照見曹

〔註100〕作者註：「四月得，六月續。」
〔註101〕編者按：「復」，省文獻會全集本誤作「正」，今據原稿甲本改正。
〔註102〕編者按：「現」，省文獻會全集本誤作「見」，今據原稿甲本改正。
〔註103〕作者註：「十七夜。」

娥堪。曹娥堪前曹娥廟，望見東山成功嶠。謝安謝玄跡已空，曹家
曹女人長弔。……

詩敘乘舟由會稽至上虞訪遊曹娥故蹟。「成功嶠」為謝玄故蹟。〔註104〕「薔薇
洞」在東山，昔日為謝安攜妓遊處。〔註105〕詩因詠東山絲竹與裙屐，歎風流不
存。頂真以及回旋往復的類疊筆法，使情韻綿長。〈自松江泛入圓泖更至大泖涉
長泖〉云：「重重度石梁，灣灣趁斜陽。樓店接村家，前路白茫茫。」以「重重」、
「灣灣」、「茫茫」等疊辭形容舟行水路之迴長。〈過鄖城縣〉云：「湛瀅濛沙醴
（五水名），汝水流不窮。」二句十字中有六字從水部，真是瀁瀁漾漾。

〈遊伊闕西登龍門山〉云：「秋氣鬱以幽，山川淨無埃。本作嵩山邁，翻
緣伊闕來。伊水流瀰瀰，龍門青崔嵬。石磴可登陟，洞屋無蒿萊。石勝泉尤
勝，瀑泉布石臺。石壁千尺高，萬佛攢一崖。……」字相連而韻母有相同者，
如「以幽」、「山川」、「翻緣」、「崔嵬」；字相隔而韻母有相同者，如「瀑」、「布」，
音同而調異者如「磴」、「登」。加上疊詞「瀰瀰」，類疊詞「石磴」、「石勝」、
「石臺」、「石壁」，而「石臺」、「石壁」近於頂真，使音節琅琅可誦。

第十八節　示現

示現是指在語文表達中，說話人或作者利用豐富的想像力，透過形象化
的語言，把實際上不聞不見的事物，說得如見如聞，使讀者或聽者感覺如身
臨其境，親聞目睹的修辭技巧，就叫做「示現」。示現的分類，一般學者多半
分為追述的示現、預言的示現、懸想的示現三種。〈過嘉善縣城及魏塘橋望見
湖水〉云：

左過嘉善縣，高臺塔一方。車前橫流水，旋即過魏塘。一路多林木，
亦復多蠶桑。柳條葉不青，樟柏紛成行。望見天星湖，尚未見鴛鴦。
倘得及春時，江花夾岸楊。畫舫湖中游，何必到餘杭。

棄生來遊正值冬季，想像來春江花夾岸楊，畫舫湖中游，是預言的示現。〈遊
靈隱山寺觀飛來峰探峰洞步各亭澗入寺後登北高峰次韜光菴觀江海及湖二十
韻〉云：「行到冷泉亭，遍看雲峰皺。入寺挹慧光，金身十丈縠。」「徘徊四
山低，南峰可俯就。復到觀海亭，江海入袍袖。」用「挹」、「俯就」、「入」
等動詞，使人覺得景物現前，此懸想的示現。

〔註104〕《八州遊記》，頁311。
〔註105〕宋施宿撰，《會稽志》，頁226。

第十九節　鑲嵌

　　鑲嵌是指在詞語中，故意嵌入數目字、虛字、特定字、同義或異義字，來拉長文句的，叫作鑲嵌。鑲嵌一方面爲了避免字音的混淆，增加意義的區別，如「衣」口頭叫「衣服」，乾淨變成「一乾二淨」；另一方面，使詞語音節拉長，聲音舒緩，藉以引起讀者聽者更多的注意，瞭解得更爲清楚明白。分爲鑲字、嵌字、配字、增字四類。棄生〈廬山雜詠五首〉其二云：

　　　　古松一尺嶺頭鋪，三疊泉邊五老圖。

　　　　地底千峰如筍立，山門開處見鄱湖。

鑲嵌數量詞一、三、五、千。又如〈自岳州巴江水破曉至武昌望漢陽入漢口即目〉云：

　　　　駁蝦滿天天色紫，玉雲臺閣天中起。繼川海市虛無間，蜃樓復在空
　　　　明裏。凌宵萬彙天機懸，火布水錦風輪旋。珊瑚璕瑁萬家飾，虹棧
　　　　星房九氣鮮。江光爛漫群龍戲，乃是千舟萬舟至。靉靆三湘七澤天，
　　　　繽紛四海五湖地。漢陽武昌夾岸長，東西南北控中央。安得江神一
　　　　起鞭石梁，聯絡二十二省成一疆，朝軼大秦暮扶桑。嗚呼，我歌未
　　　　罷開曙光。天蒼蒼兮江茫茫，願乘槎兮出大荒〔註106〕。

鑲嵌數量詞九、千、萬、三、七、四、五、二十二、一。方位詞東西南北、中央。火布即火浣布，見《搜神記》云：「崑崙之墟，地首也。是惟帝之下都，故其外絕以弱水之深，又環以炎火之山。山上有鳥獸草木，皆生育滋長於炎火之中，故有火澣布。非此山草木之皮枲，則其鳥獸之毛也。漢世，西域舊獻此布，中間久絕。」崑崙「其下有弱水之淵」，又見《山海經・大荒西經》。火浣布，學者認爲「實乃石綿織成之布」，投火不燃。〔註107〕此詩不但巧用鑲嵌，用字如珊瑚璕瑁、靉靆、繽紛等類疊同偏旁部首字，益見工巧。

〔註106〕作者註：「七月晦夜得。」

〔註107〕干寶著，黃鈞注譯，《新譯搜神記》（台北：三民書局，1996 年 1 月），頁 473
　　　　～474。

第六章　詩歌審美論

　　洪棄生的詩歌審美論和西方形構主義者相似，西方形構主義者文學當成詩，設定「陌生化」是文學的本質。換言之，「文學性」成了一種言說與另一種言說間種種差異關係。〔註1〕棄生主張詩歌要「推陳出新」，摒棄俗言俚語，一方面重視語言的雅，因此有重文字勝過日常言語的觀念；又強調以可今可古的體製來變化求新。詩作文字的「陌生化」有一大部分來自典故。但洪也欣賞散文的寫實與優美，沒有刻意標新，引人注目，卻簡潔穩健。洪雖強調詩意詞藻，認為詩是語言的突出和審美對象。他也認為詩的情感必須可信，使詩的詞藻平實而真誠。進而吸收散文和故事的敘述能力來寫詩。洪主張風格「清新」，其尋求文學語言創造性用法的活力十分顯著。珍視「老成」的作品，〔註2〕則是追求創造和維持文學精華的驅動力。問題是當新文學勃興，如何用古典詩的體製來變化求新？洪棄生認為從閱讀和創作，就應該關注的詩歌審美特質，即「神韻」、「骨氣」、「意味」。

　　棄生說創作詩的條件，不外「學力」與「天分」。就意境言，作詩必骨氣、意味、神韻三者俱備，乃為高格。「天分」表現為詩作之「氣機」，「學力」之高低使意境有深有淺。棄生以宋代詩為例，以「氣機靈動」則生氣勃勃，也就是靈感泉湧，揮灑如有神助，棄生形容如「初寫黃庭，到恰好處者。」：

　　　　作詩必骨氣、意味、神韻三者俱備，乃為高格，乃足名家。所就之
　　　　小大，則係天分，所詣之淺深，則關學力。

〔註1〕泰瑞・伊格頓（Terry Eagleton）著，吳新發譯，《文學理論導讀》（台北：書林出版社，1993），頁18～19。
〔註2〕《寄鶴齋詩話》，頁56、67、44、86。

一代宋詩，究於高妙二字有所缺憾，有時意境甚高，而筆氣平鈍，
則不妙，有時氣機靈動，近於妙矣，而意境凡近，則不高，明代諸
公之不喜宋詩，非無故也。

學力淺深表現爲詩的意境，而創作成就的大小則係天分，因云：「然文字之高
下，則係下筆時之天機，不係乎風雅。」但須意境高，方稱合作。此外，棄
生論詩發揮因文以明道之說，認爲作詩不外天分與學力，二者受制於志與氣，
詩人創作須陶染經典、多習作、時時養氣。〔註3〕

第一節　神韻論

棄生論詩之神韻，本自清初王士禛（1634～1711 年）。強調清代早期王士
禛的「神韻」說。其特點，對現實的直覺領悟，直覺的藝術表現，以及個人
風格。〔註4〕受此影響，洪因以「神到」、「入神」、「與會」、「到家」等語評古
代詩作與詩人。

王士禛以「風神」解釋「韻」。〔註5〕又好引唐司空圖「味在酸鹹之外」
的「味外味」之說，來解釋「神韻」。〔註6〕學者張靜尹因云「神韻」「是指詩
歌流溢於文字之外的無窮意蘊，猶如人物形體之外無形的精神風度。」〔註7〕
作詩若能「超以象外」，「得其環中」，神韻一出，則骨肉宛然。然欲求神韻，
須由「骨氣」入手。王士禛論詩，又主張「學力深始見性情。」〔註8〕棄生言
詩作欲有深詣，須因性練才，充實學力以廣才。才學深造自得，詩意境情味
方深。學者張健根據清代田同之《西圃詩說》論神韻即元氣，神韻即興會的
最高境界。詩有興會，而後有寄託。興會發於性情，達到渾成不露，含蓄而
意味無窮，近於天籟，即是神韻。田同之論王士禛作詩刻苦，「每爲詩，輒閉
門障窗，備極修飾，無一隙可指，然後出以示人，宜稱詩家，謂其語妙天下
也。」學者張健言「鍛鍊字句，本自詩家天職。」專心不懈，功夫愈臻精工，

〔註3〕《寄鶴齋詩話》，頁 30、33、38。劉若愚著，《中國文學理論》，頁 154。
〔註4〕劉若愚著、杜國清譯，《中國文學理論》（台北：聯經出版社，1981），頁 81。
〔註5〕王士禛著，《師友詩傳續錄》，《清詩話》（上海：上海古籍出版社，1999），頁 154。
〔註6〕王士禛著，《池北偶談》（台北：漢京文化公司，1984）卷 18，頁 433。
〔註7〕張靜尹著，《清代詩學神韻說的論詩旨趣》（高雄：高雄師範大學國文學系博士論文，2002 年元月。），頁 71。
〔註8〕王士禛著，《帶經堂詩話》（北京市：人民文學出版社，1998），頁 822。

但求作品無瑕無隙，近於自然。〔註9〕王氏論詩以「清遠」爲尚，每稱許漢代古詩以及二謝詩。其強調「清遠」中有奇趣本自畫理。畫作落想奇特，如王士禛云：

> 吳道子畫鍾馗，手捉一鬼，以右手第二指抉鬼眼，時稱神妙。或以進蜀主孟昶。甚愛重之。一日，召示黃筌，謂曰：「若以拇指搯鬼眼，更有力，試改之！」筌請歸，數日，看之不足，以絹素別畫一鍾馗，如昶指，并吳本進納。昶問之，對曰：「道子所畫，一身氣力色貌俱在第二指，不在拇指。今筌所畫，一身氣力意思併在拇指，是以不敢輒改。」此雖論畫，實詩文之妙訣。讀《史記》、《漢書》，須具此識力，始得其精義所在。〔註10〕

印證棄生友人施梅樵論畫，強調求法而知機變，畫作奇特方出。方法之一在構圖布局。如施梅樵論其友許氏畫虎，虎雖疲倦，目光如電猶足震懾狐鼠，意境優遊不迫。施梅樵論許氏不畫虎嘯生風，反而由疲虎眼光來傳神，正如吳道子畫鍾馗，「一身氣力色貌俱在第二指」。此種修爲，正如王士禛云：

> 一日秋雨中，茂京（按：王原祁）攜畫見過，因極論畫理，其義皆與詩文相通。又謂畫家之有董巨猶禪家之有南宗，董巨後嫡派，元唯黃子久、倪元鎮，明唯董思白耳。予問倪、董以閑遠爲工，與沉著痛快之說何居？曰：「閑遠中沉著痛快，唯解人知之。」〔註11〕

施梅樵以許奇高畫虎爲例，能數筆寫全身，堂堂露正面，則筆力矯健，工力不淺，方能「深入」，此乃「描寫力」。而構圖奇特，意態閑遠，則是「透出」，此由其「想像力」、「節制力」的鍛鍊。南宗畫派強調「逸品」，不重形似，但高手仍須由寫生摹神植基。能入能出，構思奇特，意態閑遠，所謂「閑遠中沉著痛快」。棄生用很形象化的人物來形容王士禛此類詩作，即《吳越春秋》中的趙處女，書中她「其道甚微而易，其意甚幽而深。……凡手戰之道，內實精神，外示安儀。見之似好婦，奪之似懼虎。布形候氣，與神俱往。」所謂「內動外靜，後發先至（又見《莊子》〈說劍〉）。」棄生說：「舉止甚輕而力強。」舉止甚輕是收斂，力強則是放，能放能收，收得從容，放縱有力，

〔註9〕張健著，《詩話與詩》，頁 269～286。
〔註10〕《帶經堂詩話》，頁 70、73。
〔註11〕王士禛著，《帶經堂詩話》，頁 86。

此須理性的節制想像力，避免感性流於發洩而缺少沉思。英國作家維吉尼亞·吳爾夫（Virginia Woolf, 1882～1941 年）在〈理性的想像力〉云：

> 德拉·梅爾先生在他研究魯伯特·布魯克的書中這樣問道：「生命不就是一場夢，又是夢的甦醒嗎？」最傑出的詩人既有夢想式的想像力，又有理性的想像力，於是生命的這兩個方面都成了他們的創作題材。〔註12〕

揭櫫「夢想式的想像力」和「理性的想像力」是生命的兩個方面，成了創作題材。誠如查繼佐（1601～1676 年）云：

> 畫是醒時作夢。夢或無理，卻有情。畫不可無理，正妙有情，非多讀書，負上慧，能作奇夢者，莫望涯涘。〔註13〕

「醒時作夢」即理性的節制想像力，如維吉尼亞·吳爾夫「理性的想像力」。宗白華論文學作品的意境，認為作者意識清醒固有佳作，但陶醉忘機，恣意率真有時別具勝義，此近於癡人說夢，如維吉尼亞·吳爾夫「夢想式的想像力」。宗白華舉〈古詩十九首〉為例，認為既有清醒的人生觀照，又有不可解於心的執著鍾情，近於宗教又合乎文藝之理。棄生也論古詩和樂府作品意境佳妙，在「高渾淡遠」而又「情韻纏綿」，二者不同卻又融為一體。〈古詩十九首〉中如「迢迢牽牛星」短篇，漢代古詩如〈孔雀東南飛〉的鉅製，都觀照夫婦男女不可解的深情，「迢迢牽牛星，皎皎河漢女。」是思婦託興之詞，情致紆婉，真摯動人。這兩首詩都在抗拒社會桎梏，只是〈古詩十九首〉有神話之高遠情致，〈孔雀東南飛〉中的夫妻則終為人倫悲劇。

一、推崇漢魏古詩神理自然，平淺真樸

王士禛《五言詩選》〈凡例〉云：「〈十九首〉之妙，如無縫天衣。」漢魏古詩之代表作「古詩十九首」，棄生云：

> 古詩十九首，自是國風嫡傳，後世名家大家，祇能就之，以資變化開拓，而神韻則不能有加。
>
> 十九首無意於為詩，故其神理備至。後世名大家，有意於為詩，故神理雖至，而自然處不至。〔註14〕

〔註12〕維吉尼亞·吳爾夫著，《書與畫像——吳爾夫談書說人》（台北：遠流出版公司，2005），頁 161。
〔註13〕沈起撰，《查繼佐年譜》（北京：中華書局，1992 年），頁 86。
〔註14〕《寄鶴齋詩話》，頁 7。

「古詩十九首」其本自《詩經》以來之抒情傳統，沈德潛評云：「初無奇闢之思，驚險之句，西京古詩，皆在其下，是爲國風之遺。」〔註15〕無論漢魏古詩或樂府，出自民間者，縱然經過採集潤飾，仍保留民歌性情眞摯，脫口見道之樸實本色。其詩語乃性情自然之流露，非若後代文人之雕鏤文字，但求出奇意深而已。至於漢樂府，棄生云：「婉轉纏綿，語摯情眞，爲樂府第一要旨。」此因漢魏樂府善敍婦人女子、征夫壯士等人物之唇吻，復善塑造其形象。故棄生云：「李、杜多於奇處見奇，深處見深，若漢、魏則多於平處見奇，淺處見深。」「漢魏詩用心大概在興象中，每言高旨遠。」〔註16〕平處見奇，淺處見深，此漢、魏詩所以卓絕千古也。如十九首之一「青青河畔草，鬱鬱園中柳。」詩中「青青」、「鬱鬱」、「盈盈」、「皎皎」、「娥娥」、「纖纖」六疊詞使音節諧婉，「園中柳」、「當窗牖」等句，寫女子悵望自憐之情態，興象動人。末二句「蕩子久不歸，空床難獨守。」出自倡女之口，肖其性情。誠如王國維評曰：「然無視爲淫詞鄙詞者，以其眞也。」柯慶明則認爲其具有「現實反應」的強調與特質，即爲了改變或改善「情境」（蕩子久不歸）而欲採取「行動」（空床難獨守）。〔註17〕如「明月皎夜光」之前八句云：「明月皎夜光，促織鳴東壁。玉衡指孟冬，眾星何歷歷。白露霑野草，時節忽復易。秋蟬鳴樹間，玄鳥逝安適？」則是欲採取「行動」而踟躕。

　　廖蔚卿〈論古詩十九首的藝術技巧〉云：「這裡用實物去寫抽象的變的道理，並不僅止作爲比興，宇宙自然變化如此，人生又何嘗不是如此？」〔註18〕古詩十九首對友朋、夫妻、親人等人倫關係及年壽榮華等現世生活，每有深入之反省、品味、追求與執著，如「棄捐勿復道，努力加餐飯。」「晝短苦夜長，何不秉燭遊。」「年命如朝露，人生忽如寄。……不如飲美酒，被服紈與素。」皆眞摯而「情足」，切要而「理足」之達觀語，故感人深，肆用廣。

　　古詩十九首另一個特色是詩語平淺動人，如明謝榛云：「平平道出，且無用工字面，若秀才對朋友說家常話，略不作意。」不似齊梁詩「開口俱是官

〔註15〕　《說詩晬語論歷代詩》，頁 50。
〔註16〕　《寄鶴齋詩話》，頁 38、31、51。
〔註17〕　柯慶明〈從「現實反應」到「抒情表現」〉，柯慶明，《中國文學的美感》（台
　　　　　北：麥田出版社，2000），頁 173。王國維著，《人間詞話》（台北：金楓出版
　　　　　社，1987），頁 49。
〔註18〕　《漢魏六朝文學論集》〈論古詩十九首的藝術技巧〉，頁 358。

話，官話使力，家常話省力；官話勉然，家常話自然。」〔註 19〕平平道出，似未使力，卻自然而真摯，棄生深表贊同，謂此說：「可謂巧譬」。〔註 20〕古詩十九首之動人，不就是古色古香、細膩感人的意象，對生之憂苦得失、愛恨別離的執著與不甘。用語看似平凡平常卻是樸素而真實的警句，雖是無名氏的作品卻說出人間所有的人的心聲。棄生譽古詩及樂府之「思致綿密」又稱「高渾淡遠，氣靜神逸，爲古詩第一要旨。」〔註 21〕則詩之高情遠意，固由平淡語及綿密情交織而成。蓋「理足情足」，不必異采，雖平淡亦工；景緻生動寓目，綿密入情，則「神馳思逸」中自有「澄靜」之情味。以詩詠南京名勝者爲例，〈金陵雜詩十首〉其四云：

一路青青叫畫眉，朝陽門外柳如絲。馬蹄踏過鍾山背，何處昭明飲馬池？

其四詠明應天府城東之朝陽門。柳絲青青畫眉叫，鍾山定林寺後山北高峰上，有梁昭明太子書臺，〔註 22〕棄生因急欲訪之，乃設句詢問。詩中有人名與地名共四則，寫景懷古，氣靜神遠。

第二節 骨氣論

棄生「骨氣」說源自劉勰《文心雕龍・風骨》所論，「風」與「文意」有關，「骨」與「文辭」有關。〔註 23〕

曾國藩論古文作法，稱許韓愈的排奡，王安石的拗很，總須有倔強不馴之氣，愈拗愈深之意。此即死咬不放的熱情與堅持，必先有韓愈〈送孟東野序〉「物不得其平則鳴」的心理。韓愈論張旭的書法創作云：「爲旭有道，利害必明，無遺錙銖，情炎於中，利欲鬥進，有得有喪，勃然不釋，然後一決於書，而後旭可幾也。」〔註 24〕此即曾國藩論其子：「少年文字，總貴氣象崢嶸，東坡所謂蓬蓬勃勃如釜上氣。」〔註 25〕棄生認爲詩歌「氣機靈動」則生

〔註 19〕謝榛《詩家直說》，謝榛《謝榛全集》（山東：齊魯書社。2000），頁 751。
〔註 20〕《寄鶴齋詩話》，頁 51。
〔註 21〕《寄鶴齋詩話》，頁 38。
〔註 22〕馬光祖修、周應合纂，《景定建康志》（北京：中華書局，1990 年 5 月第 1 刷），頁 1680。
〔註 23〕業師王忠林著，《文心雕龍析論》（台北：三民書局，1998），頁 413。
〔註 24〕韓愈〈送高閑上人序〉。韓愈著，馬通伯校注，《韓昌黎文集校注》（台北：華正書局，1986），頁 157。
〔註 25〕曾國藩著，湯孝純注譯，《新譯曾文正公家書》，頁 169。

氣勃勃，也就是靈感泉湧，揮灑如有神助，棄生形容如「初寫黃庭，到恰好處者。」〔註26〕但須意境高，方稱合作。

　　棄生〈吸煙戲詠〉以煙霧騰騰象徵寫詩時氣機靈動，渲染《楚辭》仙子形象，可印證作家詹姆斯‧喬伊斯所說，身為藝術家的作家必須是「想像力的祭司」，須「沉默、放逐及敏銳。」〔註27〕「哀哉亂世內，默默謀為臧」，〔註28〕洪氏堅持不與日人合作，又不能忘懷世情，其詩文字裡行間隱藏無限的悲憤。以敏銳心靈，被放逐於社會邊緣，人或譏刺其如「窮骨頭」。他卻以寫作形塑一自由想像，創意的心靈空間。如瑪格麗特‧愛特伍（Margaret Atwood）云：

> 任何藝術都是一種紀律，它是但不只是一項技藝，更具有宗教意味，你必須徹夜守候等待，屏除自我，創造出易於接收神啓的空無心靈的境界，這些都很重要。〔註29〕

此說可印證《莊子‧達生》痀僂丈人承蜩「用志不紛，乃凝於神。」錢謙益〈周孝逸文稿序〉引用唐代韓愈「氣盛，則言之短長，與聲之高下者皆宜。」以及李翱「義深則意遠，意遠則理辨，理辨則氣直，氣直則詞盛，詞盛則文工。」認為韓氏「氣之溢於言者」，和李氏「氣之根於志者」，若以之為文則應當：

> 根於志，溢於言，經之以經史，緯之以規矩，而文章之能事備矣。
> 不養氣，不尚志，翦刻花葉，儷鬪蟲魚，徒足以備耳借目，鼠言空，鳥言即，循而求之，皆無所有，是豈可以言文哉！〔註30〕

以經史為典範，精求文理規矩，平日養氣尚志，臨文下筆氣溢乎言，根於志，則詞盛而文工。關鍵所在，即洪棄生所云「學力」與「天分」。學力來自平日的閱讀、創作和體會。日本作家谷崎潤一郎在《文章讀本》論「文章的味道」的體會，「不一定要是學者，但必須感覺敏銳。」而磨練感覺的方法，「第一是盡量多讀，並重複閱讀好文章。」「第二是自己試著實際寫看看。」他以《大學》中引《詩經》「緡蠻黃鳥」一語，強調文章的要素在字面和音調，要領略

〔註26〕《寄鶴齋詩話》，頁 19、40。
〔註27〕瑪格麗特‧愛特伍（Margaret Atwood）著，嚴韻譯，《與死者協商：瑪格麗特‧愛特伍》（台北：麥田出版社，2004），頁 116。
〔註28〕《寄鶴齋詩集》，頁 137。
〔註29〕瑪格麗特‧愛特伍（Margaret Atwood）著，嚴韻譯，《與死者協商：瑪格麗特‧愛特伍》，頁 138。
〔註30〕《錢牧齋全集》（伍），頁 826。

其含意和味道，不妨「素讀」，雖暫時不完全懂文意，但朗朗上口，略能體會韻味。他又將文章分為流水般流麗，近於女性化；以及剛勁簡潔，近於男性化，與曾國藩將文章分為陽剛、陰柔兩種美，說法相似。他舉李白〈靜夜思〉（床前明月光）一詩的「含蓄」美，標舉東方文章的特色。又認為要創造高格調的文章，「最重要的是要涵養適當合度的精神，所謂精神是體會優雅的心。」而優雅的精神，雖指日本人內向、謙讓、禮敬，以及含蓄等特質，不也是中國古典文學典雅的精神？〔註31〕如何取法古人？棄生見解如下。

一、取氣於李白詩，取骨於杜甫詩

棄生論作詩當取氣於李白（字太白，祖籍可能是隴西成紀（今屬甘肅），701～760 年），取骨於杜甫（字子美，生在鞏縣（今河南鞏縣），遠祖是京兆杜陵（今陝西西安東南）人，712～770 年）。〔註32〕論杜詩：

> 杜公醉為馬墜詩云：「甫也諸侯老賓客，罷酒酣歌拓金戟。騎馬忽憶少年時，散蹄迸落瞿唐石。白帝城門水雲外，低身直下八千尺。」以下並一氣旋轉，高視闊步，不著一凡近語。此等題若入宋人，則時俗氣多入。東坡亦必著許多譬喻以取眼前機趣，不能高雅如是矣。唐宋之分當於此觀之。〔註33〕

杜甫詩意象高邁，用余光中自我鍛鍊分段詩行的心得，「其利在於明快有力而轉折靈便。」如余光中云：「其實收與放同為詩藝甚至一切藝術的手法，一味放縱而不知收斂，必然鬆散雜亂。」〔註34〕能收能放，鍛鍊詩句，才有骨力。

棄生推尊李白、杜甫詩如孔子之集大成，譽之可謂極矣。二人詩歌之過人處在於上源雅頌國風，取則楚騷，下逮漢魏六朝，才學過人。棄生云：

> 李太白云：「自從建安來，綺麗不足珍。」杜工部亦云：「熟精文選理」，可見二公均漢魏上下諸名家，終身鑽仰，不敢自恃其才而不學，不敢囿於時世而小學，故能融會千古諸家，陶冶而出之，以大其成。觀太白〈古風五十九首〉，上源國風，下孕漢魏，五七言古今體，亦皆大雅之音。杜公則上源變雅，下逮漢魏，併古歌謠，亦靡不兼收，

〔註31〕谷崎潤一郎著，賴明珠譯，《春琴抄》（台北：聯合文學出版社，2004 年），頁112～126。

〔註32〕《寄鶴齋詩話》，頁 103。

〔註33〕《寄鶴齋詩話》，頁 79。

〔註34〕余光中著，《藕神》序〈詩藝老更醇〉（台北：九歌出版社，2008），頁 16。

以資陶鑄，既化而出，遂造詩中大成。後世或有其才而無其學，或
有其學而無其才，何由窺其堂奧？〔註35〕

推崇李杜二人才學超邁百代，乃細數源流，明其深詣之所由。李白〈古風五
十九首〉其一云：「大雅久不作，吾衰竟誰陳？」慨然以風雅詩道自任，不滿
齊、梁艷薄之風，以刪詩垂後為志；自言抱負，詩得雅、頌之巖巖洋洋。朱
熹評李白詩，稱〈古風〉學陳子昂〈感遇〉詩，有全用其句處。稱李白「清
水出芙蓉，天然去雕飾。」不如「芙蓉露下落，楊柳月中疏。」自然之好。
又稱許李白終始學《文選》詩，所以好。又云：

李太白詩非無法度，乃從容於法度之中，蓋聖於詩者也。

李太白詩不專是豪放，亦有雍容和緩地，如首篇「大雅久不作」，多
少和緩！鮑明遠才健，其詩乃《選》之變體，李太白專學之。〔註36〕

李太白詩才健如鮑照，〈行路難〉音節亦似之。太白擬古樂府而以己意己才發
之，往往模擬人物唇吻神情而雄秀自然，後人難以追摹。

若杜甫〈戲為六絕句〉云：「別裁偽體親風雅，轉益多師是汝師。」亦上
學風雅，轉益多師。併古歌謠，靡不兼收，如其〈大麥行〉（大麥乾枯小麥黃）
一詩，王士禎以為襲自漢桓帝時童謠云：「小麥青青大麥枯」，杜甫〈兵車行〉
句調亦本此。〔註37〕棄生云：

李、杜歌行，一以雄俊，一以沈鬱；樂府一以蘊藉，一以悽切，各
可相當。惟〈古風五十九首〉，青蓮源本國風，情往似贈，興寄無端，
為杜所無。〈北征〉七十韻，源本小雅，敷陳情事，纏綿家國，為李
所無。余為求之二家，李惟韋太守篇，筆力浩瀚，可匹杜〈北征〉；
杜惟前、後出塞，情思宛摯，可匹李古風。

李白〈古風五十九首〉情往似贈，興寄無端，本自國風。棄生所謂「斂才就
範，一往情深，遂臻絕頂。」並舉其十八「天津三月時」一首，以為「悠揚
婉轉，何等神情。」細味其比興深婉，固承自國風，而詩筆之秀，又似鮑照。

太白詩能善用比興，以暗託感慨，深遠之情致又上薄楚騷。故棄生謂「古
今善學騷者，固推太白，其〈遠別離〉一篇，形神畢肖。」至於杜甫學屈騷
之作，棄生舉杜之〈寄韓諫議注〉為例，乃肖屈騷之神而不肖形云：

〔註35〕《寄鶴齋詩話》，頁11。
〔註36〕《朱子語類》，頁3324、3326。
〔註37〕《池北偶談》，卷12，頁278。

「今我不樂思岳陽，身欲奮飛病在床。美人娟娟隔秋水，濯足洞庭望八荒。鴻飛冥冥日月白，青楓葉赤天雨霜。玉京群帝集北斗，或騎麒麟翳鳳凰。」云云。觀此，則李、杜二公，皆深於離騷。﹝註38﹞此詩以神話意象及歷史故實為喻詞，朱鶴齡稱此詩讚美韓氏「功在帷幄，翛然遠引。」神情肖似〈離騷〉。誠如四庫館臣譽杜詩所以高於諸家者，在其「忠君愛國」的君子之心，﹝註39﹞憂國憂民之心固近於屈原。

棄生論李白五言，取材於蘇、李、陳思、阮籍、鮑照、謝靈運、謝朓等，同爐共冶，以自成一大宗。﹝註40﹞其五言樂府如〈長干行〉（「妾髮初覆額」）脫胎自《詩經·齊風·甫田》，而婉麗沈至，宛如漢人。平生以恢復風雅之道自任，又欽佩建安文學成就。〈古風五十九首〉其一云：「自從建安來，綺麗不足珍。」〈宣州謝朓樓餞別校書叔雲〉云：「蓬萊文章建安骨，中間小謝又清發。」仰讚建安文章之風骨，以「永明體」大家謝朓為典範。胡震亨謂其〈古風五十九首〉「儉於嗣宗之〈詠懷〉，其抒寫性靈，寄託規諷，實相源流也。」如〈古風五十九首〉末首云：「惻惻泣路歧，哀哀悲素絲。路歧有南北，素絲易變移。」云云，棄生稱其「比興無端，寄託深遠。」﹝註41﹞意象近似阮籍〈詠懷詩八十二首〉其二十云：「楊朱泣歧路，墨子悲染絲。」﹝註42﹞

棄生謂杜甫〈北征〉敷陳情事，纏綿家國，為李白所無。張夢機稱〈北征〉纏綿家國之意，寫家室及夫妻兒女之情，「難在化俗為雅」，且「專從極瑣末的實境寫出」，筆法似漢代民歌，生動而情深。﹝註43﹞後世譽杜甫詩為「詩史」，每能彰顯知識分子憂時之心與詠史抉微、拾遺補闕之史識史德。李白惟〈經亂離後天恩流夜郎憶舊遊書懷贈韋太守良宰〉一詩，沈德潛《唐宋詩醇》譽與〈北征〉並峙。而〈古風五十九首〉之宛摯，棄生以為杜甫〈前出塞九首〉及〈後出塞五首〉可匹。

李白自道：「清水出芙蓉，天然去雕飾。」棄生云：「韻與筆俱變化，李詩最多，惟李之歌行用得妙。」「轉筆而後轉韻，杜詩最多，而惟杜之歌

﹝註38﹞《寄鶴齋詩話》，頁45、6。
﹝註39﹞紀昀等著，《四庫全書總目提要·集部·杜詩耀》（台北：商務印書館，1983），頁35。
﹝註40﹞《寄鶴齋詩話》，頁52。
﹝註41﹞《寄鶴齋詩話》，頁46。
﹝註42﹞阮籍原著，林家驪注譯，《新譯阮籍詩文集》，頁287。
﹝註43﹞張夢機著，《思齋說詩》（台北：華正書局，1977），〈杜甫北征與韓愈南山詩的比較〉，頁29、34。

行用的妙。」〔註44〕李詩如〈夢遊天姥吟遊別〉「勢拔」句連用六個仄聲字，音節可誦。七、八句再換平聲韻，因思入夢，因夢而悟，愈來愈奇。至「雲青青兮欲雨，水澹澹兮生煙。列缺霹靂，丘巒崩摧。」云云，六言句似〈離騷〉，四言句似《詩經》，長短交錯，卻極自然。「霓爲衣兮風爲馬，雲之君兮紛紛而來下。虎鼓瑟兮鸞迴車，仙之人兮列如麻。」三十字中，有二十四個平聲字，與飛昇悠揚之仙境相合。末云：「別君去兮何時還？且放白鹿青崖間，須行即騎訪名山。安能摧眉折腰事權貴，使我不得開心顏！」前三句同韻，多一句用韻，情感益顯綿長。後接以九字句和七字句，跌宕生姿。

　　杜甫自云：「意愜關飛動，篇終接混茫。」詩情致沈鬱頓挫，氣格最深。誠有意象凝煉雄渾，意愜飛動而沈著者。七古論其「到家」之作，尤推〈丹青引贈曹將軍霸〉一首，棄生譽其「瑰詞健仗，波瀾老成。」〔註45〕首云：「將軍魏武之子孫，於今爲庶爲清門。」兩句「如道家常，而出口動人。」眞工於發端。此詩每八句一轉韻，韻隨情轉，節奏誠微妙。後段云：「幹惟畫肉不畫骨，忍使驊騮氣凋喪。將軍善畫蓋有神，偶逢佳士亦寫眞。」詩若能寫眞奪神，自然骨肉飛動。

二、論詩風之剛柔

　　棄生論詩風之剛柔，本自袁枚詩論及曾國藩文論云：

> 袁子才每以剛柔談詩，曾文正每以剛柔談文，實爲不易之論。古來之詩，剛柔兼者，惟李、杜而已。溫、李則柔而不剛，韓、蘇則剛而不柔。惟文亦然，古文之兼有剛柔者，惟史遷一人，韓則多剛，柳則多柔，班固介剛柔之間。〔註46〕

以陰陽對立，剛健相對於陰柔風格，以論詩文、書法者，如曾國藩（字伯涵，號滌生，後更名國藩，湖南湘鄉人，1811～1872 年）云：

> 予嘗謂天下萬事萬理皆出乾坤二卦。即以作字論之：純以神行，大氣鼓蕩，脈絡周通，潛心內轉，此乾道也；結構精巧，向背有法，修短合度，此坤道也。凡乾以神氣言，凡坤以形質言。禮樂不可斯須去身，即此道也。樂本於乾，禮本於坤。作字而優遊自得眞力瀰

〔註44〕《寄鶴齋詩話》，頁 81、69。
〔註45〕《寄鶴齋詩話》，頁 119。
〔註46〕《寄鶴齋詩話》，頁 117。

滿者，即樂之力也；絲絲入扣轉折合法，即禮之意也。〔註47〕

《易經》乾卦、坤卦代指陽、陰二氣。《乾卦・文言傳》云：「大哉乾乎，剛健中正，純粹精也。」《坤卦・文言傳》云：「坤至柔而動也剛。」因此乾又象徵陽性或剛健，坤象徵陰性或柔弱。曾國藩以形質言坤，本《坤卦・六二爻辭》「直、方、大，不習，无不利。」所謂「方」爲合矩，朱子《本義》謂「賦形有定」。以神氣言乾，本《易・繫辭傳上》「鼓之以雷霆」而闡發「神无方而易无體」。所謂神，如學者黃慶萱云：「宇宙間能微妙地創生並化育萬物之最高原理」、「神之超知性」，印證「陰陽不測之謂神」，如學者吳怡云：「爲我們的意志自由、精神自主，留下了一片天地。」〔註48〕至於以「樂」、「禮」論爲文寫字的方圓規矩，則本自《禮記・樂記》樂「內」、禮「外」，樂「質」、禮「文」觀點。

曾國藩根據邵雍的「四象」之說，將古文「四屬」與之搭配，稱爲「古文四象」云：「識度，即太陰之屬；氣勢，則太陽之屬；情韻，少陰之屬；趣味，少陽之屬。」且輯成《古文四象》選本。〔註49〕曾論文章之剛柔，本自姚鼐〈復魯絜非書〉之論點來發揮。其「庚申三月日記」云：「吾嘗取姚姬傳先生之說，文章之道，分陽剛、陰柔之美。」

> 大抵陽剛者，氣勢浩瀚；陰柔者，韻味深美。浩瀚者，噴薄而出之；
> 深美者，吞吐而出之。
>
> 西漢文章，如子雲、相如之雄偉，此天地遒勁之氣，得於陽與剛之
> 美也，此天地之義氣也。劉向、匡衡之淵懿，此天地溫厚之氣，得
> 於陰與柔之美者也，此天地之仁氣也。〔註50〕

偏於陽剛者之作品，多以使氣用意勝；以陰柔取勝者，則善於言情。從表達方式言，陽剛之美者，文句多噴薄而出、眞氣彌滿；陰柔之美者吞吐其詞，含蓄微妙。爲文爲詩者若能兼取雙美，則詩詣至矣。晚唐溫庭筠、李商隱詩善於言情，偏於陰柔之美。溫氏詩麗而有骨，棄生甚爲稱許云：

〔註47〕曾國藩著，湯孝純注譯，《新譯曾文正公家書》（台北：三民書局，2001），頁16。

〔註48〕黃慶萱著，《新譯乾坤經傳通釋》（台北：三民書局，2009 年初版二刷），頁21、203、267、40、57。

〔註49〕曾國藩著，《新譯曾文正公家書》，頁171。

〔註50〕曾國藩著，《曾國藩全集・日記一》（長沙：湖南岳麓書社，1987），頁475。舒蕪等編記，《近代文論選》（北京：人民文學出版社，1999），頁63。

> 溫飛卿詩全體清新俊麗，英警絕俗，洵唐賢有數之才，前人動以「溫李體」爲病，眞老儒迂論。〔註51〕

溫氏所作〈西洲曲〉等，風格柔婉。然亦有雄俊者如〈送人東歸〉（「古戍落黃葉」）一詩，棄生以爲浩浩落落，不可多得。棄生批評元好問與吳梅村之詩風各有偏至，祇以「名家」許之，則所謂「大家」，指剛柔並濟者，其說則本自袁枚云：

> 詩雖奇偉，而不能揉磨入細，未免粗才。詩雖幽俊，而不能展拓開張，終窘邊幅。……余規蔣心餘云，「子氣壓九州矣，然能大而不能小，能放而不能斂，能剛而不能柔。」心餘折服曰：「吾今日始得眞師。」〔註52〕

袁枚面規蔣士銓，以其詩「能剛而不能柔」。詩若能奇偉而又揉磨入細，幽俊且能展拓開張，兼具剛放與柔斂者爲佳。

第三節　意味論

　　棄生「意味」說本自鍾嶸《詩品》等前代詩說。氏以爲宋詩切近賦物，饒富理趣之特色在此。不同於宋詩，棄生以爲唐詩「用心在風格，每高視闊步，瑣屑之景，不置於口。」而詩至唐、宋，「變態已極」，〔註53〕爲棄生創作取法以求變的典範。

一、取意於蘇軾詩

　　棄生論作詩當取意於蘇軾（字子瞻，號東坡，四川眉山人，1037～1101年）。蘇軾論詩文，重自然，以水爲喻，「不擇地皆可出，常行於所當行，止於所不可不止。」強調以意攝文，洪邁《容齋四筆》記蘇軾論作文之要在「意」：

> 天下之事，散在經、史、子中，不可徒使，必得一物以攝之，然後爲己用，所謂一物者，意是也。……不得意，不可以用事，此作文之要也。

作文之要在以「意」攝事，得意方能使事用典。作詩亦然。〔註54〕蘇軾才高，

〔註51〕《寄鶴齋詩話》，頁92。
〔註52〕《隨園詩話精選》，頁40。
〔註53〕《寄鶴齋詩話》，頁52。
〔註54〕洪邁著，《容齋隨筆》（北京：中華書局，2005），頁765。

有大詩人該有的興趣廣博與情緒平衡感，詩意境多趣，棄生云：「蘇公詩多以趣勝」。〈秀州僧本瑩靜照堂〉，棄生云：「眞聰明語，爲理學家透過一層。」〔註55〕詩云：「鳥囚不忘飛，馬繫常念馳。靜中不自勝，不若聽所之。君看厭事人，無事乃更悲……。」〔註56〕以其理趣過人。〈惠崇春江晚景二首〉其一云：「竹外桃花三兩枝，春江水暖鴨先知。蔞蒿滿地蘆芽短，正是河豚欲上時。」紀昀云：「此是名篇，興象實爲深妙。」〈金山夢中作〉云：「江南賈客木棉裘，會散金山月滿樓。夜半潮來風又熟，臥吹簫管到揚州。」紀昀評：「此有感而託之夢作耳。一氣渾成，自然神到。」「今海舶有風熟之語，蓋風之初作，轉移不定，過一日不轉則方向定，謂之風熟」。〔註57〕棄生認爲世人多推〈惠崇春江晚景二首〉其一爲最，「然其詩尚帶宋調，不如〈金山夢中作〉之神韻似唐。」〔註58〕此因〈金山夢中作〉化用俗語入詩，詩體物入妙，化俗爲雅，乃其本色。因而棄生稱許〈金山夢中作〉詩神韻似唐。東坡詩補遺：「詩須要有爲而後作。當以故爲新，以俗爲雅。」誠如張健云：「可見這兩句話已是北宋詩人的常語。而黃庭堅的奪胎換骨法，也正是『以故爲新』的具體表現。」〔註59〕

蘇軾詩以故爲新者，如余光中舉蘇軾〈登州海市〉取笑韓愈：「潮州太守南遷歸，喜見石廩堆祝融。自言正直動山鬼，豈知造物哀龍鍾。」乃一反韓愈〈謁衡嶽廟遂宿嶽寺題門樓〉「潛心默禱若有應，豈非正直有感通？」詩意。〔註60〕而幽默前賢，又見東坡詼諧。棄生又云：

以人事喻景物，以詼諧佐機趣，此事惟東坡擅場，開詩家未闢之境。古人深蘊之氣，遂覺發洩無餘。

東坡越州詩云：「青山偃蹇如高人，當時不肯入官府。高人自與山有素，不待招邀滿庭戶。」出語靈警動人。吾終謂其太近宋人，詩不古只此耳，若東坡之聰明，可愛也。〔註61〕

〔註55〕《寄鶴齋詩話》，頁 78、47。
〔註56〕蘇軾著，《蘇東坡全集》（台北：世界，1996），頁 18。
〔註57〕《紀昀評點東坡編年詩》，卷 26、卷 24，頁 11、頁 5。
〔註58〕《寄鶴齋詩話》，頁 110。
〔註59〕張健著，《文學評論第一集》（台北：巨流圖書公司，1980），〈陳師道的文學批評研究〉，頁 86。
〔註60〕余光中著，《舉杯向天笑》（台北市：九歌出版社，2008），〈創作與翻譯〉，頁 161。
〔註61〕《寄鶴齋詩話》，頁 60。

「以人事喻景物，以詼諧佐機趣。」蘇軾擅長擬人筆法寫景，以景含情，化靜爲動的手法，正是其特色。余光中亦讚賞東坡〈越州張中舍壽樂堂〉此詩造語生動云：「其實許多寫景的好句都以敘事出之，因爲敘事動作鮮明，有戲劇感，蘇軾最擅此道。」〔註62〕

　　學者張健論中國詩人的類型，論蘇軾類似高士，但「清」不及之，可謂「名士」：「蘇軾『空腸得酒芒角出，肝腑槎牙生竹石。』即一顯著的實例。然而名士之境界畢竟非根器卑凡者所能達到。」〔註63〕引〈郭祥正家醉畫竹石壁上郭作詩爲謝且遺二古銅劍〉一詩爲證，此詩紀昀評：「奇氣縱橫，不可控制。」〔註64〕乃其本色。其〈題文與可墨竹〉起云：「斯人定何人，遊戲得自在。詩鳴草聖餘，兼入竹三昧。時時出木石，荒怪軼象外。」云云，稱許故人亦不啻自讚，以奇想遊戲筆墨，卻饒情趣，往往「引物連類，窮情盡變。」如〈百步洪〉詩，最見才情。一如黃庭堅讚賞畫家「摩拂造化鑪，經營鬼神會。」而能「意出筆墨外」、「請以小喻大」，作品意境高妙而生氣遠出。〔註65〕正如明人婁堅評蘇東坡書法作品：「坡公書肉豐而骨勁，態濃而意淡。」但若一味於文詞求奇，淪於外道，一如蘇軾批評楊雄：「好爲艱深之詞以文淺易之說，若正言之，則人人知之矣。此正所謂彫蟲篆刻者。」〔註66〕因此強調「反常合道」，和棄生「平中見奇」說可相印證。

二、取味於陶潛詩

　　棄生論作詩當取味於陶潛（又名淵明，字元亮，潯陽柴桑（今江西九江）人，365～427年）。晉、宋易代之際的大詩人陶潛，詩以眞厚省淨著稱。棄生稱許陶潛詩文：「淵明以厚」：

　　「種桑長江邊，三年望當采。枝條始欲茂，忽值山河改。柯葉自摧折，根株浮滄海。」此陶公自悲其遇也。無限感傷身世之言，以淡蕩出之，使人祇覺其高遠，不覺其慘戚。下云：「春蠶既無食，寒衣欲誰待。本不植高原，今日復何悔。」則各明其志也。遯世無悶之

〔註62〕余光中著，《從徐霞客到梵谷》（台北市：九歌出版社，1995），頁24。

〔註63〕張健著，《文學概論》，頁123。

〔註64〕《紀昀評點東坡編年詩》，卷23，頁10。

〔註65〕黃庭堅撰，任淵、史容、史季溫注，〈用前韻謝子舟爲予作風雨竹〉，《黃庭堅詩集注》（北京：中華書局，2003年5月），頁453～454。

〔註66〕蘇軾著，《宋蘇軾行書答謝民師帖卷》（上海：上海書畫出版社，2003年7月），頁6、1～2。

懷，皦然若揭矣。《書》曰：「詩言志」，誠有如此者。〔註67〕
此引陶淵明〈擬古九首〉其九詩句。「君子言不下帶而道存焉」，淵明以「老
農」樂天知命語，寫盡易代之際，知識分子憂國的身世之悲，與樂道無悶之
志。學者以此詩作於永初元年前後，因劉裕代晉而肇宋，慨然而作。〔註68〕
憂懼世變，然出之以淡蕩語，如〈神釋〉所謂「縱浪大化中，不喜亦不懼。」
恐志不能希古而臻於聖賢。陶詩每能就事物立足點深入思索以啟蒙智慧，如
〈庚戌歲九月中於西田獲早稻〉起云：「人生歸有道，衣食固其端。孰是都不
營，而以求自安。」〈擬古九首〉其九歎收獲化為烏有，衣食無著落的窘困。
「山河改」、「植高原」等語隱喻時世。如保羅・利科云：「隱喻是一個句子或
同類的表達式，在這類表達式中一些語詞是以隱喻的方式使用的，而其他詞
是以非隱喻的方式使用的。」〔註69〕隱喻與其他非隱喻的句子渾然難分，自
然的像敘述一樁農作歉收，可謂「言近旨遠」。朱熹評陶潛詩：

> 淵明詩平淡出於自然。後人學他平淡，便相去遠矣。
>
> 陶淵明詩人皆說是平淡。據某看，他自豪放，但豪放得來不覺耳。
>
> 其露出本相者是〈詠荊軻〉一篇，平淡底人如何說得這樣言語出來。
>
> 陶卻是有力，但語健而意閒。隱者多是帶氣負性之人為之。陶欲有
> 為而不能者也，又好名。⋯⋯晉宋間詩多閒淡。杜工部等詩常忙了。
>
> 陶云：「身有餘勞，心有常閒」，乃《禮記》「身勞而心閒則為之也」。
>
> 〔註70〕

陶詩語健而意閒，身勞而心閒，生氣勃然卻內斂含蓄。此類詩風又如韋應物
詩，白居易與元稹書信稱許韋應物「其五言詩，又高雅閒澹，自成一家之體。」
〔註71〕曾國藩於家書論其子紀澤：

> 紀澤於陶詩之識度不能領會，試取〈飲酒〉二十首、〈擬古〉九首、
> 〈歸田園居〉五首、〈詠貧士〉七首等篇反覆讀之，若能窺其胸襟之
> 廣大，寄託之遙深，則知此公於聖賢豪傑皆已升堂入室。〔註72〕

〔註67〕《寄鶴齋詩話》，頁8、30。
〔註68〕陶潛原著，逯欽立校注，《陶淵明集》（台北：里仁書局，1985），頁114。
〔註69〕保羅・利科著，汪堂家譯，《活的隱喻》（上海：上海譯文出版社，2004），頁
　　　　115。
〔註70〕朱熹著，黎德靖編，《朱子語類》（北京：中華書局，1996年6月），頁3325、
　　　　3327。
〔註71〕劉昫撰，《舊唐書・白居易傳》，列傳116，卷166，頁4351～4352。
〔註72〕曾國藩著，《新譯曾文正公家書》，頁168。

陶潛詩的佳境在胸襟之廣大，寄託之遙深。棄生云：

> 色香之外，所重在味。當如百花釀蜜，蜜成不見百花；百末釀酒，
> 酒成不知百末，是謂眞味，是謂可味。然如陶詩則又色香臭味之俱
> 泯，學之者若王、孟、韋、柳亦皆有味外味。至李、杜則五色俱備、
> 萬象在前；八珍盈耳、百珍取具，不當以是論矣。

淵明詩擺落文字聲色、技法上的奇巧，深造自得，看似平淡，細味則眞樸高
古。棄生謂作詩當「取味於陶。」稱許陶詩有眞味，〔註73〕故詞清而情厚。
眞味如蜜蜂釀蜜，或如用百末釀酒，即能調和眾味，自成醇和之味。元好問
稱許陶詩爲「眞淳」，而王維、孟浩然等人學陶，作品皆有味外之味。李白、
杜甫的作品在取材及內容上兼具廣度及深度，可謂「味厚」。以酒味爲喻則本
自蘇軾詩〈答李邦直〉云：「詩詞如醇酒，盎然薰四肢。徑飲不覺醉，欲和先
昏疲。」〔註74〕張健評：「這是直覺的感受，但就文學批評的觀點論，『醇』
是一種造詣，一種境界，並非一蹴可幾的。……」〔註75〕此須深煉。就陶詩
言，卡勒討論述行語和述願語的分別。「述願語是聲明如實再現事物的語言，
是命名已經存在事物的語言。」「述行語是修辭的過程，是語言的行爲。它運
用語言學的範疇，創造事物，組織世界。」「文學應該在程式的空間中『創造
新的東西』，它需要對規則和事件做出述行的解釋。」〔註76〕孔子云：「有德
者必有言」，老子云：「信言不美」。印證文學作品中述行語突破時代文風強制
的重覆與慣用的規則。陶潛以身體力行的德者之言，平淡卻眞醇道出貞隱求
志者的形象。以卡勒的批評術語，〈飲酒二十首〉其五「悠然見南山」是如實
再現山水的述願語，「采菊東籬下」是託物言志的眞摯述行語。〈歸園田居五
首〉其三末云：「衣霑不足惜，但使願無違。」〔註77〕則該說是述願還是述行？
「詩如其人」而渾入渾出，陶詩所以耐人尋味者在此。

〔註73〕《寄鶴齋詩話》，頁67、103。
〔註74〕蘇軾著，王十朋等註，《東坡詩集註》，《文淵閣四庫全書·集部·別集類》（台
　　　　北：商務印書館，1983），卷12。
〔註75〕張健著，《宋金四家文學批評研究》（台北：聯經出版社，1983），頁46。
〔註76〕卡勒著，《文學理論入門》，頁106、112。
〔註77〕陶潛著，龔斌校箋，《陶淵明集校箋》（上海：上海古籍出版社，2004），頁220、
　　　　79。

第七章　風　格

　　從文本的現世性角度研究《八州詩草》，討論詩歌風格，也就是孟子所謂
「知人論世」。誠如艾德華・薩伊德（Edward W. Said，1935～2003 年）云：

> 風格是應對觀眾的作者的一種可辨認、可重覆、可保存的符號。……
> 不過風格之所以被人接受做爲作者風貌的標幟，是因爲有一套他自
> 己的特色，一般稱之爲個人語型、發聲、不可削減的個人特性。……
> 風格會抵銷現世性—即孤獨文本沉默的、看似沒有境遇的存在。任
> 何文本，只要不曾立即被毀滅，都是往往互相衝撞的力量網絡，而
> 且實際存在的文本就是現世中的一個生命。〔註1〕

如果著眼風格的現世性，持以討論棄生詩歌，其風格看似抵銷現世性—即孤
獨文本沉默的、看似沒有境遇的存在。其實在五四新文學運動興起後，古典
詩的作者一方面要擺脫典故的陳腔濫調，也就是棄生所說的「推陳出新」，除
了學力、天分，閱歷、見識更爲重要，這正是他詩風勝過凡眾而能別成一家
的原因。

第一節　詼詭冷肅

　　詼詭冷肅風格本自《史記・滑稽列傳》探析。「滑稽」有「辯捷」之意，指
口才敏捷流利，乃俳諧之言。本自《史記・樗里子甘茂列傳》所云：「樗里子滑
稽多智。」及《孟子荀卿列傳》：「如莊周等又滑稽亂俗」中「滑稽」之意。

〔註1〕艾德華・薩伊德（Edward W. Said，1935～2003）著，薛絢譯，《世界・文本・
　　　批評者》（台北：立緒文化，2009），頁 54。

〈滑稽列傳〉人物的角色及全篇旨趣，其中除了淳于髡之外，皆為優人。王國維《宋元戲曲史》認為後世戲劇出自巫、優二者。巫與優之別：巫以樂神而優以樂人；巫以歌舞為主，而優以調謔為主，巫以女為之，而優以男為之。優字之意為戲。如《左傳》：「宋華弱與樂轡少相狎，長相優。」〈杜預注〉：「優，調戲也。」故優人之言，無不以調戲為主。如優施鳥烏之歌；〈滑稽列傳〉優孟愛馬之對，即以微詞託意，發為戲謔之言。言語之外，其調戲亦以動作行之。如〈滑稽列傳〉中優孟為孫叔敖衣冠而楚王欲以為相。古之優人，其始皆以侏儒為之。《樂記》稱優侏儒。《穀梁傳》載頰谷之會，孔子誅優施，《孔子家語》及何休《公羊解詁》均謂之侏儒。〈滑稽列傳〉：「優旃者，秦倡侏儒也。」故其自言曰：「我雖短，幸休居。」此實以侏儒為優之一確證也。〔註2〕王氏之舉證大抵正確，但也有例外者。如〈滑稽列傳〉稱優孟「長八尺」，長八尺則不可能是侏儒。由此，我們知道優孟、優旃的角色。他們類似後代職業的藝人，精於音樂、歌舞，以戲謔之言詞動作娛人，常得到王侯貴族的寵愛。他們游離於君臣上下的緊張關係之外，所以常能放言而無罪，這是優人之幸。

《文心雕龍・諧讔》贊曰：「古之嘲隱，振危釋憊。雖有絲麻，無棄菅蒯。會義適時，頗益諷誡。空戲滑稽，德音大壞。」也是肯定一諷諫精神。後代舞台上的丑角，插科打諢，諷刺時政。在位者聞之，多不加罪。人稱丑角為「無過蟲」，這也是此一精神的發揚。〈滑稽列傳〉諧讔的文字手法，後來成了一種文體。《文心雕龍・諧讔》便敘述了自東漢以至魏晉，此文體的發展。

就諷刺時政的嚴肅論「滑稽」，宋代蘇洵〈諫論上〉認為無論直諫、諷諫，要獲得進諫的實效，必須要有「術」。以先秦遊說之士的機智勇變濟其忠，即參乎權而歸乎經，提出五種諫法：理論之，勢禁之，利誘之，激怒之，隱諷之。〔註3〕其中以隱諷近於滑稽的手法，但實際在遊說或進諫時，往往各種諫法互用互濟，也就形成或冷肅或詼詭的風格。

至於《漢書・東方朔列傳》中的「滑稽之雄」東方朔，其言善詼諧，寓諷諫，誠如劉基〈賣柑者言〉云：「予默然無以應。退而思其言，類東方生滑稽之流。豈其憤世疾邪者耶？而託于柑以諷耶？」劉基〈賣柑者言〉即是「託言以諷」的寓言，以其憤世疾邪，以賣柑者其果「金玉其外，敗絮其中。」

〔註2〕王國維著，《宋元戲曲史》（台北：台灣商務印書館，1986），頁3、4。
〔註3〕蘇洵著，羅立剛注譯，《新譯蘇洵文選》（台北：三民書局，2006），頁 281～
284。

對比諷刺文武百官無能，卻欺世盜名。賣柑者譏笑劉基能察知柑者敗絮，卻不察執政者虛有其表，知小過而蔽於國之大患。以對比假托的滑稽嘲笑來諷刺，風格亦屬「冷肅詼詭」。

　　這類假託寓言來諷喻的手法，如會昌三年（843年）白居易詩〈禽蟲十二章并序〉詩序說：

> 莊、列寓言，〈風〉、〈騷〉比興，多假蟲鳥以爲筌蹄。故《詩》義始於〈關雎〉、〈鵲巢〉，道說先乎鯤、鵬、蜩、鷽之類是也。予閑居乘興，偶作一十二章，頗類志怪放言，每章可致一哂。一哂之外，亦有以自警其衰耄封執之惑焉。頃如此作，多與故人微之、夢得共之。微之、夢得嘗云：「此乃九奏中新聲，八珍中異味也。有旨哉！有旨哉！」今則獨吟，想二君在目 ，能無恨乎！

《莊子・寓言》：「寓言十九。」《列子》多用寓言來闡明哲理。《詩經》六義中「比」和「興」的並稱，比是以彼物比此物；興是先言他物，以引起所詠之辭。《莊子・逍遙遊》：「北溟有魚，其名爲鯤，鯤之大不知其幾千里也。化而爲鳥，其名爲鵬，鵬之背不知其幾千里也。怒而飛，其翼若垂天之雲。」《莊子・逍遙遊》：「《齊諧》者，志怪者也。」記述怪異之事，放縱其言，不受拘束。卻又如《尚書・益稷》：「〈蕭韶〉九成，鳳凰來儀。」曲終奏雅，此乃詩文冷肅兼有詼詭的風格。白居易詩〈禽蟲十二章并序〉其七云：「蟭螟殺敵蚊巢上，蠻觸交爭蝸角中。應似諸天觀下界，一微塵內鬥英雄。」批評世上人們爭權奪利的渺小和可笑，可見作者的胸襟格局之曠廣。舉例棄生詩如〈過錢清江即事〉云：

> 夜行錢清江，月光明如畫〔註4〕。顧望錢清堰，一錢誰消受。廉吏說劉公，漢時賢太守。一江留清名，遂覺錢塘陋。我攜杖頭錢，清風亦兩袖。兼有月當頭，不用一錢酤。較公爲不廉，千山萬壑收。
> 中原山遍看，更欲浙東覯。泛舟向會稽，江山若故舊〔註5〕。

從「錢」字作詩，引漢代廉吏劉寵典故，又說自己清風亦兩袖，又說自己較劉寵爲不廉，只因千山萬壑收。詼諧有趣又如〈過鸚鵡洲弔古〉云：

> 鸚鵡洲，沉江底。禰衡墓，何處是。鸚鵡洲沒不可知，禰衡大名千古起。有洲不沒如江水，洲中晴川閣可倚。可笑兇暴黃江夏，竟以

〔註4〕編者按：「明如畫」，省文獻會全集本「畫」誤作「晝」，今據原稿甲本改正。
〔註5〕作者註：「既望夜。」

－311－

殺人附驥尾〔註6〕，不然黃祖之名何足齒。于今黃祖何紛紛，惜無
善罵禰衡文〔註7〕。

似乎在憑弔三國禰衡（字正平），感慨今不如古，其實是借題罵軍閥，冷肅中
婉轉而語調詼詭。

第二節　清新老成

清新老成是棄生晚年詩作之主要風格。「清而不薄，新而不尖，所以為老
成。」〔註8〕詩要「清而不薄」，必須清晰準確的運用文字，以表達感受和經
驗，又能剪裁得當，才能凝鍊濃縮，「清」而且「厚」。而詩語「清新」，方能
避「熟」；見識「老成」，方能免「滑」，端賴洞察力與筆力。

詩要用字清晰準確，必須鍛鍊，須「刪去拖沓，以求警策。」詩文創作
時須先細心體會，得物之神理，下筆時集中主題，深化意境，誠如梁實秋所
云：「文學的力量，不在於開擴，而在於集中；不在於放縱，而在於節制。」
〔註9〕即是此意。棄生評其友人施梅樵詩云：

顧梅樵早歲惟工豔詩，中年以後肆力古風，乃一變而骨格清老。〔註10〕

施氏不僅詩作如此，書畫風格晚趨清老。從詩歌謀篇而言，誠如棄生云：

詩文一道，腴之為厚，人知之，清之為厚，人鮮知之。蓋不清則不
能運數十段如一段，則局不厚。不清則不能舉數十筆如一筆，則筆
不厚。不清則不能通數十意如一意，則意不厚。不清則不能融貫數
十曲折如一折，則氣不厚。至於字句，亦不能鑄成一片，并詞亦不
厚矣。〔註11〕

注重文句的鍛鍊，文意呼應，布局謀篇，如梁實秋所言：「所謂節制的力量，
就是以理性（Reason）駕馭感情，以理性節制想像。」梅樵早期的創作觀較近

〔註6〕作者註：「祖附衡傳。」編者按：此註省文獻會全集本脫，今依原抄本補。又
　　　「附驥尾」，省文獻會全集本誤作「附衡傳」，據原稿甲本改正。
〔註7〕作者註：「廿八午下先得。」編者按：「禰衡文」，省文獻會全集本作「禰衡群」，
　　　原抄本「群」字旁改為「文」，今據原稿甲本改字改正。
〔註8〕楊慎著，王仲鏞箋證，《升庵詩話箋證》（上海：上海古籍出版社，1987），評
　　　庾信詩。
〔註9〕梁實秋撰，《梁實秋論文學》（台北：時報出版公司，1981），頁117。
〔註10〕《寄鶴齋詩話》，頁131。
〔註11〕《寄鶴齋詩話》，頁117。

於「頹然天放，意態自足」的放縱，晚年則強調「清老」風格，重視理性的節制感情和想像。

重視理性的節制感情和想像，創作時要能刪去拖沓，以求警策。以陳師道（字履常，一字無己，彭城人，1052～1101 年）為例，朱熹嘗言陳師道受業於曾鞏門下。鞏託陳代為作文，且授以意。陳窮日之力方成，以呈鞏。鞏為刪去一、二百字，陳讀之，則其意尤完，因歎服，遂以為法，所以陳文字簡潔如此。〔註12〕

陸機《文賦》云：「要辭達而理舉，故無取乎冗長。」此即棄生所謂「理高妙」。文詞求精煉，即陸機「苟傷廉而愆義，亦雖愛而必捐。」文章欲理舉而詞達，即陸機「立片言而居要，乃一篇之警策。」〔註13〕如清咸豐時詩人蔣劍人（江蘇寶山縣人，名敦復，字純甫）詩〈題子蕭師攜琴海上圖〉，棄生詩話錄之，但「此下尚有十四句，頗拖沓，余為刪去，通首較遒麗。」刪改後詩末云：「江山寂寂何處尋，師今亦復無知音。抱來碧海青天恨，同此千秋萬古心。」〔註14〕成了警句式的結論（epigrammatic conclusion）。棄生此舉，不妨視為詩歌創作和教學方法，視前人詩作如有待修改的未定稿，須修改以求遒勁警策。對於自己作品，須以更客觀的態度來修改，古人往往尋知音識器的友人以為攻錯，如白居易與元稹書信云：

> 僕常語足下，凡人為文，私於自是，不忍於割截，或失於繁多。其中妍媸，亦又自惑，必待交友有公鑒無姑息者，討論而削奪之，然後繁簡當否，得其中矣。〔註15〕

但知音識器的友人難尋，只有技藝日近於道，以更客觀的角度來自我修正，詩作方能更勝往昔。例如棄生〈從下天竺步行至茅港舟歷各湖莊湖港至蘇堤轉向南屏雷峰塔乃遊三潭返孤山〉云：

> 夙愛西湖景，今為湖上游。外湖連裏湖，湖尾到湖頭。我自茅家港，放出東浦舟。初過六橋隄，後登三潭洲。魚觀花港美，鐘聽南屏幽。欲看南屏山，先上雷峰塔。一眺全湖浮，再顧四山合。杭郡萬人家，

〔註12〕朱熹著，黎德靖編，《朱子語類》（北京：中華書局，1996 年 6 月），頁 3325、3327。

〔註13〕同前註，《陸機文賦校釋》，頁、4165、59。

〔註14〕詩見蔣敦復，《嘯古堂詩集》（上海：王韜淞隱廬刻本，1885），卷 6。《寄鶴齋詩話》，頁 70～72。

〔註15〕劉煦撰，《舊唐書・白居易傳》，列傳 116，卷 166，頁 4351～4352。

紛紛魚鱗雜。鏡臺自湖沉，樓臺繞湖匝。步入淨慈寺，煙雲滿僧衲。
寺背南高峰，白雲近可拉。下山入三潭，月色波光壓。亭橋三十六，
玲瓏復峨嶪。明月作三分，玉鏡函一匣。既〔註16〕過湖心亭，遂返
孤山寺。身出水晶宮，湖山入夢寐〔註17〕。

此詩寫遊西湖，一路遊「西湖十景」，即「南屏晚鐘」、「花港觀魚」、「蘇堤
春曉」、「曲院風荷」、「雙峰插雲」、「雷峰夕照」、「柳浪聞鶯」、「三潭印月」、
「平湖秋月」、「斷橋殘雪」。「雷峰夕照」指雷峰塔的夕照。塔建於吳越王錢
俶在位第二十八年（975年），塔倒之年在民國十三年（西元1924年），凡九
百五十年。塔倒後發現錢俶造的陀羅尼經，每卷首有題記，經數為八萬四千。
〔註18〕棄生又引白居易於長慶三年（823年）春作於杭州刺史任上的〈錢塘
湖春行〉末四句：「亂花漸欲迷人眼，淺草纔能沒馬蹄。最愛湖東行不足，
綠楊陰裡白沙隄。」寫賞愛遊玩而行不足的歡愉心情。

孤山寺即永福寺，始建於陳天嘉初年，故址在今西湖中孤山上。元稹〈永
福寺石壁法華經記〉：「永福寺，一名孤山寺，在杭州錢塘湖心孤山上。」棄
生寫景兼敘事，末句警策，以「身出水晶宮，湖山入夢寐。」寫迷山愛水之
深，風格清新老成。

棄生此風格受蘇軾影響，蘇晚年論詩，本《論語‧為政》孔子說：「詩三
百，一言以蔽之，曰：『思無邪』。」作〈虔州崇慶禪院新經藏記〉闡述云：「手
不能忘筆則字畫難於刻彫。及其相忘之至也，則形容心術，酬酢萬物之變，
忽然而不自知也。」本書第二章第四節已分析蘇軾所謂「思無」、「無邪」之
義在「以無所思心會如來意」。專注入神，至心手相忘，妙手偶得。一如黃庭
堅讚賞畫家「摩拂造化鑪，經營鬼神會。」而能「意出筆墨外」、「請以小喻
大」，作品意境高妙而生氣遠出。〔註19〕寫作有此能力方能達意，蘇軾說：

求物之妙，如繫風捕影，能使是物了然於心者，蓋千萬人而不一遇
也，而況能使了然於口與手乎？是之謂詞達。詞至於達，則文不可
勝用矣。〔註20〕

〔註16〕編者按：「既」，省文獻會全集本誤作「阮」，今據原稿甲本改正。
〔註17〕作者註：「十四夕。」
〔註18〕胡適著，李敖編，《胡適選集（三）》（台北縣：李敖出版社，2002年），頁510。
〔註19〕黃庭堅撰，任淵、史容、史季溫注，〈用前韻謝子舟為予作風雨竹〉，《黃庭堅
　　　　詩集注》（北京：中華書局，2003年5月），頁453～454。
〔註20〕王進祥編輯，《中國美學史資料選編》（下卷）（台北：漢京文化，1983年），
　　　　頁40。

心能直覺「清景」，而手能寫之，蘇軾所謂「胸有成竹」，心手相應，則有賴平日之學習操養。〔註21〕而李歐塔視創作狀態爲某種「東西溢出原來的知覺協調狀態」，某種力量或能量的滿溢，可印證蘇軾文思，如其自云：「大略如行雲流水，初無定質，但常行於所當行，常止於不可不止。文理自然，姿態橫生。」〔註22〕

棄生敬仰蘇軾的詩作，如〈過鄂城懷古清武昌縣也〉云：

連山負其陰，大江出其陽。不知何城郭，云是古武昌。東南控吳會，西北對黃岡。崇墉過百雉，創自東鄂王。漢爲灌嬰築，不過修舊隍。後來孫猘子，徙都出建康。食魚寧到此，江上水洋洋。釣魚臺猶在，即位壇已亡。飲酒墮臺下，吳王志亦荒。桓公督八州，威鎮楚四疆。植柳城西門，至今綠成行。忠藎夢折翼，晉史何荒唐。坐談庾元規，乃有樓一方。我舟過城下，最愛蘇子狂。日步樊山上，九曲亭中央。夢裏神俱往，路向西山望〔註23〕。

古武昌漢口之故事，棄生云：「自是漢口之名，輒見於唐人地理書及詩文，其地爲中原樞紐，江漢要津，商舶大市，亦可於詞章中想見，唐則李太白，劉長卿游漢上，宋則范石湖、陸渭南入益州，皆目睹其繁華，蓋漢口之興，在千八百年前，不比上海之盛，僅七十餘年間耳，惟市集一隅，隨江漢爲遷移，古今蓋不同處，今漢口市，乃明以來所聚，非六朝攻守舊城，亦非唐宋人遊觀舊地矣。距漢水西南五十里，有沌水，注江處沌口，永嘉六年，陶侃爲荊州刺史鎮沌口；咸豐五年，胡文忠起水師，圖進武漢，以沌口爲水師營，順流以攻漢陽，《通鑑》質實，謂今沌口即沔口，蓋其水通太白湖，北達漢，南達江，乃潛沱之屬，故亦蒙沔名也。夏即滄浪，見於康成《尙書注》，亦見酈氏水經注，夏有夏首，見於屈平離騷，亦即《左傳》夏州，是皆夏入漢沔，爲漢口之故事。」〔註24〕武昌，今湖北鄂城，本名鄂縣，三國孫權一度遷都於此，故名武昌，晉以後多因之。棄生辨證今漢口市，乃明以來所聚，非六朝攻守舊城，亦非唐宋人遊觀舊地矣。

詩批評吳王飲酒志荒，而又景仰陶侃的功業。永嘉六年（312年），陶侃爲荊州刺史鎮沌口；咸豐五年（1855年），胡文忠起水師，圖進武漢，以沌口

〔註21〕同前註，《中國美學史資料選編》（下卷），頁44。
〔註22〕同前註，《宋蘇軾行書答謝民師帖卷》，頁7。
〔註23〕作者註：「七月朔夜初得。」
〔註24〕《八州遊記》，頁102～103。

為水師營，順流以攻漢陽，古今名將皆忠藎謀國，乃引用《世說新語》和《晉史》記載，推崇陶侃，辨正《晉史》之誣。

元豐三年（1080 年）春，蘇軾因「烏臺詩案」謫居黃州。黃州古稱齊安，在今湖北黃岡，地與武昌隔江相對，故常到武昌的九曲嶺（亦稱西山）遊賞，並重建九曲亭。同時其弟蘇轍亦受牽連坐貶監筠州（今江西高安）鹽酒稅。二地相隔不遠，故常來看望其兄。元豐五年（1082 年），蘇轍作〈武昌九曲亭記〉，蘇文結尾說明其兄蘇軾之所以能在逆境中泰然處之，惟因「適意為悅」，但求「無愧於中，無求於外」。描寫東坡「至其翩然獨往，逍遙泉石之上，擷林卉，拾澗實，酌水而飲之，見者以為仙也。」〔註 25〕棄生效其狂態，亦恣遊山水以懷想古人風流。遊此地乘船至漢口等地，一路又遊赤壁，名赤壁者有多處，〈過黃州赤壁懷古〉

> 長江五赤壁，茲以東坡名。……東坡處處遊，借此恣豪情。星稀鴉
> 繞樹，月白鶴飛鳴。斗酒可以飲，橫槊可以輕。二賦自千古，六朝
> 未兩并。黃岡東百步，詠雪堂幾成。慷慨來賦詩，一笑大江橫〔註 26〕。

蘇軾〈前赤壁賦〉水月之辯，若以繪畫觀點言，無非以寫意傳神的形上思維，展現森羅萬象變動不居中，知性兼具感性的永恆之道。若引用莫里斯·梅洛—龐蒂（Maurice Merleau-Ponty，1908～1961）所言：「視覺變成活動的那一瞬間，是當塞尚所說當他『通過繪畫思考』的時刻。」「繪畫最終求助於經驗事物中的不管什麼東西，唯一的條件是，它首先是自身具象的（autofiguratif）。」〔註 27〕因此，要捕獲對「清景」的審美知覺，蘇軾〈書晁補之所藏與可畫竹三首〉其一云：

> 與可畫竹時，見竹不見人。豈獨不見人，嗒然遺其身。其身與竹化，
> 無窮出清新。莊周世無有，誰知此凝神？

強調創作時，須「直覺」把握「清景」。本書第二章第四節已分析所謂「妙悟」，或「入神」。並引申即「知性感通（intellectual sympathy），其基本性質是「立即或瞬間捕捉整體的能力，或者說心靈的統合（integration）功能。」以前述〈從下天竺步行至茅港舟歷各湖莊湖港至蘇堤轉向南屏雷峰塔乃遊三潭返孤山〉為例，整合遠眺、步行、行舟、參訪、夜遊所見，寫景清麗，波瀾老成，

〔註 25〕黃鈞等注譯，《新譯古文辭類纂》，頁 3337～3341。

〔註 26〕作者註：「六月廿九夜半先得。」

〔註 27〕莫里斯·梅洛——龐蒂（Maurice Merleau-Ponty，1908～1961）著，楊大春譯，《眼與心》（北京：商務印書館，2007 年 6 月），頁 68、74～75、84～85。

化知性爲感性，妙悟而入神。

　　清新老成的詩作風格，因棄生以看畫靜觀的細查，以及詠史的時間流動，書寫當下感懷，即興中有從容，知性裡藏感性。如遊黃鶴樓時：

> 余又考雍正十三年，史文靖（貽直）督湖廣，修黃鶴樓，是時磯在黃鵠山西江中，石立如植，激水逆行遠去，樓憑山以上，直立十有八丈，高壯閎麗，形正方，四望如一，樓下聚水師蒙衝，公私舟楫，檣立如林，歲以十月閱軍，登樓而望，戈甲組練，蔽川浴波，赫燿長江東西，迴望南北二郊，沃野廣垠，禾黍油油，無嶮巇豐荊之虧虧，其盛又十倍於今日矣。乾隆末嘉慶初，黃鶴樓猶在原處無所損，不知何時移建城間山坡，余視江中，今無水師，亦未見有石磯，或磯爲水沒，或本江干石岸，江水既徙，樓亦因之而徙也，自樓上望，今尚有湖沼如月湖之半，繞樓左右，實在城外，登臨抱冰堂高處亦見之，武昌人呼爲南湖。〔註28〕

〈登武昌黃鶴樓二首〉云：

> 無復嵯峨黃鶴樓〔註29〕，空江磯上水悠悠。
> 功人百戰鮎魚套〔註30〕，才士千秋鸚鵡洲。
> 接海雲艫非向日，繞城天塹尚長流。
> 漢陽郭外晴川閣〔註31〕，竟有牙旗據上頭。（其一）
> 乘鶴仙人去不還，樓頭遠眺白雲間。
> 江流北遠煙波渡，漢水南迴大別山。
> 木葉秋風飛鄂渚，重陽斜日上荊關。
> 登臨無限傷時思，楚望臺邊劫火殷〔註32〕。（其二）

所謂「蒼老」的詩風，即如曾珍珍評論美國詩人伊莉莎白・碧許（Elizabeth Bishop）〈詩〉（Poem）一詩：「充分發揮文字特有的時間流動感」與「歷史縱深」。〔註33〕第一首詩中「無復」、「水悠悠」、「千秋」等，懷古傷今，時空曠

〔註28〕《八州遊記》，頁111〜112。
〔註29〕作者註：「光緒十六年（1890）失火，今不及前之宏麗。」
〔註30〕作者註：「胡文忠克復武昌戰地。」
〔註31〕作者註：「時爲兵營。」
〔註32〕作者註：「辛亥（1911）革命，漢口全燬；辛酉（1921）兵變，武昌半燬。」
　　　　又：「甲子（1924）二月初八夜。」
〔註33〕伊莉莎白・碧許（Elizabeth Bishop）著，曾珍珍譯，《寫給雨季的歌——伊莉莎白・碧許詩選》（台北：木馬文化，2004），頁357。

遠悠渺，眼前卻是軍閥割據作亂，末二諷名勝被兵營所據，大殺風景。第二首詩頷聯遠望極思，想落天外。頸聯寫登臨秋葉日暮的頹景象徵時世動亂，學者錢鍾書認為時間體驗，難落言詮，故著語每假空間以示之，強將無廣褒者說成有幅度，若「往日」、「來年」、「前朝」、「後夕」、「遠世」、「近代」之類，莫非以空間概念用於時間關係，各國語文皆然。〔註34〕可持以論洪詩有「歷史縱深」的時間流動感。

棄生七律作品多以此種風格見長，因此推崇李商隱〈贈別前蔚州契苾使君〉七律云：「格律筆意俱到，為義山不多得之詩，學者棄彼取此，為得之矣。」此作云：

何年部落到陰陵？奕世勤王國史稱。

夜捲牙旗千帳雪，朝飛羽騎一河冰。

蕃兒襁負來青塚，狄女壺漿出白登。

日晚鸊鵜泉畔獵，路人遙指郅都鷹。

此詩「贈別」句，作者自註：「使君遠祖，國初功臣也。」詩首聯、頷聯言詩中主角契苾通的五世祖契苾何力於太宗朝歸順唐朝事。頷聯寫契苾何力戰功；頸聯寫契苾通四世祖契苾明以懷務誘降二萬軍帳來附。以此為契苾通送行，借其家族光輝戰史，激勵為國立功。誠如學者許軍云：「一題兩寫，一筆兩到。中間兩聯，上聯重武功，下聯重謀略，各有側重。場面熱烈，境界闊大，再現了盛唐氣象。」〔註35〕至於棄生對李商隱七律，棄而不取者，如〈茂陵〉（漢家天馬出薄稍）、〈籌筆驛〉（猿鳥猶疑畏簡書）、〈隋宮〉（紫泉宮殿鎖煙霞）、〈馬嵬〉（海外徒聞更九州）等七律云：「義山七律，世多傳其茂陵、籌筆驛、隋宮、馬嵬諸作，不過愛其崑調耳。然詠古似此，體實纖仄。」又批評：

義山馬嵬詩以「牽牛」對「駐馬」，殊失大方。蓋用氣力之處，不應纖仄若此，況上聯有「虎旅」、「雞人」字面，此處「駐馬」二字正宜渾渾化去，豈堪著相說詩，晬語拈出為逆挽者之法，自是失檢，不知此詩何以屢入選家之手？其「日角」對「天涯」，亦同此病。〔註36〕

批評義山〈馬嵬〉頷聯和頸聯云：「空聞虎旅傳宵柝，無復雞人報曉籌。此日

〔註34〕錢鍾書著，《管錐編》（一）（台北：書林出版社，1990 年 8 月出版），頁 174～175。

〔註35〕李商隱著，朱恆夫、姚蓉、李翰、許軍注譯，《新譯李商隱詩選》（台北：三民書局，2011），頁 158～160。

〔註36〕《寄鶴齋詩話》，頁 103～104。

六軍同駐馬，當時七夕笑牽牛。」沈德潛《說詩晬語》以頸聯先言果，再寫因，乃逆挽法。棄生則嫌其語纖仄。又批評〈隋宮〉頷聯「玉璽不緣歸日角，錦帆應是到天涯。」以「日角」對「天涯」，病亦在纖。可見棄生推崇的七律詠古詩，風格宜闊大渾化。其實〈贈別前蔚州契苾使君〉一詩，義山作於王茂元幕下，乃中歲以前作品，未能如〈馬嵬〉諸詩典麗精工，有自家本色。棄生所見，不免偏愛近於盛唐詩風者。但由此可見棄生推崇詩自然渾化勝過工巧纖麗。〈汴京懷古〉云：

> 猶是宣和舊帝京，陳橋驛路已蕪平。
>
> 班師尚説朱仙鎮，遺事空談夾馬營。
>
> 風雪流傳鶺鴒畫（徽宗有鶺鴒圖），河山惆悵杜鵑聲。
>
> 祇今汴水流何處，千古人來弔汴城。〔註37〕

首聯概括言北宋之興亡。宣和爲宋徽宗年號（1119～1125 年），靖康二年（1127年），北宋乃亡於金。陳橋乃宋太祖趙匡胤黃袍加身處。紹興十年（1140 年），岳飛大敗金兵於郾城，進兵至朱仙鎮。秦檜主和，強令班師，北伐功敗垂成。夾馬營在今河南洛陽市東北，相傳宋太祖生於此，爲宋發祥地。頸聯詠北宋覆亡事，咎在宋徽宗信用小人如蔡京、童貫者。「鶺鴒畫」化用《左傳·昭公二十五年》鶺鴒「往歌來哭」之讖，以悲君王；下聯以杜鵑啼血，寄喻河山淪亡之惆悵。徽宗的風花雪月，竟然隱伏後日之悲涼。如今汴水已涇，遠來弔古，不勝感懷。

第三節　蕭散沖淡

　　棄生論詩品畫重視寫意以取神韻，其「寫意」詩論本自宋代畫論。學者衣若芬論宋代「寫意」詩論，強調歐陽修「千狀萬態，筆簡而意足」，崇尚「蕭條淡泊」、「清新簡遠」的美感。又強調黃庭堅「凡觀書畫當觀韻」，指題畫詩「對形象美感的欣賞轉爲思想深度的體察，內化爲個人的文化格調與品味。」〔註38〕「蕭條淡泊」、「清新簡遠」的美感可溯源自司空圖《二十四詩品》「沖

〔註37〕《八州詩草》，頁 54。

〔註38〕同前註，《寄鶴齋詩話》，頁 119。歐陽修著，《文忠集》，〈題薛公期畫〉，（四庫全書·集部·別集類，臺北：商務印書館，1983 年 10 月初版）。卷 73。黃庭堅著，《豫章黃先生文集》（台北：商務印書館，1979，《四部叢刊正編》本），卷 27〈題摹燕郭尚父圖〉，總頁 304。衣若芬著，《觀看·敘述·審美——唐宋題畫文學論集》（台北市：中央研究院中國文哲研究所，2004），頁 129、179。

淡」之說：「素處以默，妙機其微。飲之太和，獨鶴與飛。猶之惠風，荏苒在衣。閱音修篁，美曰載歸。遇之匪深，即之愈希。脫有形式，握手已違。」〔註39〕從人生修養言，此境近於嵇康〈與山巨源絕交書〉所云：「遊心於寂寞，以無爲爲貴。」從宋、明以來，文人畫強調「逸品」一格，則書畫著重寫意，脫卻形似，默契《老子》所謂「大音希聲」的沖淡。清初學者毛先舒的論詩名著《詩辯坻》強調「淡者，詩之本色。」學者張健引伸其說，以司空圖主張「沖淡」一品，宋、明以來，斯風頗盛；而毛先舒認爲「學詣閎邃」才能達至平淡境界，推舉陶潛詩，而張健引申言陶詩乃「至上之平淡」。〔註40〕我認爲〈桃花源記〉一文更足當此評語。

試以泰瑞・伊格頓引用莫里斯・梅洛—龐蒂（Maurice Merleau-Ponty）「我從他者那裏借來自我。」進而闡述〈桃花源記〉。泰瑞・伊格頓認爲：「我的身份認同有賴於他者提供的維護，而這（因爲他們是透過他們自身的利益與欲望的厚網來瞭解我）絕對不是一種完全安全的維護。」但泰瑞・伊格頓認爲只有透過我與他人共享的語言，我才有可能會具有意義。因此，「自我是與無數他者的生命緊密相繫，是他者選擇與行爲的產物。」〔註41〕

以此觀點論語言所交織的意義之網，則陶潛〈桃花源記〉中的漁人，因逢桃花林，耽於美景，窮深索源，探幽入密而豁然開朗，發現一絕境。此由以捕魚爲業，關心自身利益與欲望的他者，變爲認同桃花源自足和諧的客人。但一出桃花源又回復原來的生活與心境，終究無法再回到本眞源頭，只因他者欲望粗暴的對待，無法提供桃花源完全安全的維護，即使有高尚之士劉子驥問津尋訪，「不足爲外人道」的世外桃源終究難尋。唯有如漁人一般「忽逢桃花林」且「忘路之遠近」，一時擺落塵俗，恣遊探奇，才能偶入桃源。陶文意境寓示一凡人皆有的審美心境，以及理想國度即自足和諧的他者與自我的素心相待，其文本有解構帝國威權一統的體制，諷刺無視甚至欺壓少數弱勢的亂世苛政，偏又出之以平淡之筆，以近乎寓言又似歷史眞實的自然高妙，極具有審美生命和想像豐饒的文本，成爲後世文人嚮往仿作的張本。

〔註39〕司空圖著，陳國球導讀，《二十四詩品》（台北：金楓出版公司，1987年6月），頁48。

〔註40〕張健著，《詩話與詩》（台北：五南圖書出版公司，2002年），頁228。

〔註41〕泰瑞・伊格頓（Terry Eagleton）著，李尚遠譯，《理論之後：文化的當下與未來》（台北：商周出版社，2005年），頁262～263。

　　以此觀點論語言所交織的意義之網，沖淡虛渾的景色書寫，使人讀後氣靜神逸，脫離塵世。棄生受清初王士禛之影響，稱許王詩作寫景神到不可湊泊，詩中多入地名者。〔註42〕王士禛山水詩蕭散簡遠的風格也成了棄生取法的對象。

　　棄生壯遊大陸後所作的《八州遊記》和《八州詩草》，詩作中多入地名以取遠神，技法和精神即本自王士禛詩。如《八州詩草》〈將遊中華作〉一詩云：「我欲窮天闕，安得崑崙邱。」壯遊之志畢見。但此遊不在標榜自命不凡，他訪勝尋幽，好奇多問，詩文引古證今，卓有見識。憂世之情，又見其社會責任感。如〈入廬山十五首〉其二云：「寺古風煙頹，石門何處望？」其四云：「山空寂無人，佳境難遽至。」其六云：「風雲交廻薄，尋途誠鬱紆。」〈浙東山水舟子多不知古名〉云：「一路同僧行，名山不識名。舵工如海客，空盡剡溪程。」〈即事贈廣化寺僧珍灝二首〉其一起云：「扁舟來往命尋途，看盡江山似畫圖。」眺遠懷古，沿流尋景；悵望古今，一時風雲，莫不歌詠。詩詠古諷今，以及觀瀾索源，訪山東九河故道等等，可見其膽識與社會責任感。〔註43〕

　　蕭散簡遠指寄託遙深，胸襟曠遠，而不是貧乏枯淡，蘇軾〈跋薄傳正燕公山水〉說得好：「而山水以清雄奇富，變態無窮為難。」以畫作為例，自宋代以來畫家喜作「瀟湘八景圖」，構圖以平遠山水見稱。棄生遊洞庭湖，援引此繪畫傳統，刻畫平遠山水，寫景卻極有層次而情感蘊藉，又沖融與萬物天地精神相往來，有自然平淡之趣。在未遊大陸前，已先見於暢遊日月潭時的詩作，如〈登珠潭嶼偶詠〉云：

　　　　萬山重重圍一水，四水圓圓浮一山。
　　　　一嶼如珠點波間，一汊陡入蒼崖彎。
　　　　其水澄泓明海嶠，其山高秀壓塵寰。
　　　　其陽如展蓬萊顏，其陰如垂玉女鬟。
　　　　山水天光共一色，水碧山青互廻環。
　　　　水遠無梁山無磴，巉嵯雲霞不可攀。
　　　　山開恍逢衡霍面，水轉疑入瀟湘灣。
　　　　花發鳥啼波渺渺，獨有山靈時往還。
　　　　我來凌風試徑渡，不覺中流風露寒，

〔註42〕王士禛作詩好借專名以助遠神，見錢鍾書著，《談藝錄》（台北：書林出版社，1999年2月二刷），頁291～296。

〔註43〕陳光瑩著，《臺灣古典詩家洪棄生》（台中：晨星出版社，2009年2月），第7章。

陰沉恐墜蛟龍窟，登陟又愁麋鹿碩。

居人喜見山南客，導我請觀水北蠻。

深山奇異不可盡，懸崖露骨樹生鬖。

我欲移家長此住，塵途擾擾山緣慳。〔註44〕

詩中用字多「山」、「水」二部首，類疊成工巧。「其陽」二句寫山水，呼應「高秀」之形容。「水碧」以下運用中國水墨畫「三遠」觀點。依行舟潭中的流動視角細寫「高遠」、「平遠」、「深遠」。「我來」二句言行旅疲憊，「中流風露寒」寫「滲進皮膚裡去」的疲憊。「深山奇異不可盡」寫「一團好奇心」。一頭栽進當地的風景裡去，頓覺此地山水清幽，可以長住，但又苦於「塵途擾擾山緣慳」，累人的疲憊。他的旅遊詩歌每於長途倦遊之時，忽逢美景，頓時心眼豁然開朗，如逢桃花源，如〈遊泖湖登湖嶼長水寺塔下泛長泖作歌〉云：

遠遊三楚至三吳，五湖之外見泖湖。

浩浩吞江兼翕海，茫茫震澤連具區。

澱江湖水尾閭輸，太湖瀉與吳淞俱。

白鶴江頭來晶㴼，青龍浦外出瀠紆。

爛銀沙起浪花麤，扶桑倒影翻赤烏。

中流忽見浮蓬島，島中佛國翹浮圖。

滄海漾入瓊瑤闕，煙波動湧水晶壺。

登臨四望開眼界，深淵疑有神龍都。

夕陽欲下猶未下，搖搖萬頃紅珊瑚。

少焉月上天無際，映空萬片琉璃鋪。

此間亦有小君山，三泖四十有二灣。

大泖放流望長泖，彷彿前遊太湖洞庭間。

此遊松江三泖，但見湖水浩浩，如吞江翕海。「泖西至青龍口，為舊青浦治，吳孫權造青龍艦處，西北通薛澱湖，為松江上源，皆承太湖水也。」〔註45〕詩中「白鶴江」、「青龍浦」、「爛銀」、「赤烏」各有所指，卻暗藏四種色彩。中流見浮島、浮圖，喻如瓊瑤闕、水晶壺，形容建築物之巧麗及水域之澄淨。夕照映水，擬之如萬頃紅珊瑚；月光鋪水，喻如琉璃，雖畫家亦難描繪，乃象外之象，景外之景，如戴容州所謂「可望而不可置於眉睫之前也。」

〔註44〕《寄鶴齋詩集》，頁331。
〔註45〕《八州遊記》，頁316。

〔註46〕〈入廬山十五首〉其六云：

> 不到含鄱口，不見鄱陽湖。湖波渺無際，一望見大孤。大孤波心出，
> 雲起時模糊。康郎浮遠岫，雨裏青可撫。湖洲什百峰，蒼翠入畫圖。
> 太乙連太月〔註47〕，左右凌天衢。章貢交流來，浩蕩吳越無。迴首望
> 石城，虎豹環四隅。鄱嶺爲駿馬，振鬣澎澤趨。天風吹我衣，雲外峰
> 峰殊。襟帶南唐郡，湖口亦具區。風雲交迴薄，尋途誠鬱紆〔註48〕。

含鄱嶺橫亙在大月山西南，爲九奇峰東之第一峰。其東南中豁爲含鄱口。
向鄱陽湖而峻勢若可吞湖，故云。〔註49〕詩敍含鄱口盡收鄱陽湖奇景，不
到此處，不識湖美。湖在東南，俯瞰迤西一山，橫亙於湖中，即大孤山也。
迤南湖心一山曰康郎山。雨中望山望湖，所見皆不眞不盡，惟濃翠倍於江
上。〔註50〕南見太乙峰，北有大月峰，又見章、貢二水浩蕩入湖，氣勢之
雄奇爲吳越所無。「迴首」以下，妙用擬物筆法，作動的演出，十分靈動。
以「筆推」法，將山水由離而推合。而鄱陽湖襟帶南康郡，又彷彿具區。
而由此下至鄱陽湖，山徑極陡峻。風雲迴薄中，去途誠鬱紆。又如看畫賞
心悅目，沖淡靜美。〈入廬山十五首〉其一云：

> 江上望廬山，沛過垂空雲。陸行五十里，猶未挹匡君。路入蓮花洞，
> 山色落紛紛。過洞陟山椒，萬嶂疊嶙峋。石磴雲中起，樹杪見人群。
> 山隙豁大江，吳楚平地分。石澗落空際，驚濤對面奔。磴盡見牯嶺，
> 一轉迷煙氣。巖石欲壓頭，泉聲猶可聞。虹橋跨湍壑，峭壁縈秋雯。
> 絕頂見人家，山樓迎夕曛。

由江上望廬山，但見滿山煙雲。陸行五十里，由蓮花洞乘轎上山，始覺山色
紛紛而落，人則隨石磴而升。煙雲中萬嶂嶙峋陡峭。仰見行人，如在樹杪，
見樹高人小。「山隙」俯瞰江流，險路中平添一分朗豁。「石澗」句則泉聲驚
耳，若可掬飲。「巖石」句氣勢懾人。「虹橋」句見飛橋如虹，湍壑峭壁，秋
色縈繞而上。「磴盡」句見山路之曲折。末於絕頂見人家，山樓近天而迎夕曛，
益覺顯眼。一「迎」字彷彿山靈好客，蕭散而沖融。

〔註46〕 司空圖著，陳國球導讀，《二十四詩品》（台北：金楓出版公司，1987 年 6 月），
頁 124，〈與極浦談詩書〉。

〔註47〕 作者註：「嶺畔高峰。」

〔註48〕 作者註：「初九夜連得。」

〔註49〕 吳宗慈著，《廬山志》卷 5，頁 582〜583。

〔註50〕 《八州遊記》，頁 70。

第八章　意　境

　　意境論的重點，誠如學者黃景進云：「指一理想之境，即其物象特徵最能與感興所引起的情志相契，故所取象亦是最適合之意象。」〔註1〕如何對物的觀察深入、精密？棄生認為「天分」表現為詩作之「氣機」，「學力」之高低使意境有深有淺。以宋代詩為例云：「一代宋詩，究於高妙二字有所缺憾，有時意境甚高，而筆氣平鈍，則不妙，有時氣機靈動，近於妙矣，而意境凡近，則不高，明代諸公之不喜宋詩，非無故也。」

　　「氣機靈動」則生氣勃勃，也就是靈感泉湧，揮灑如有神助，棄生形容如「初寫黃庭，到恰好處，越日不可再得也。」〔註2〕但須意境高，方稱合作。然而「天分」不能勉強而至，「學力」卻可涵養踐履而臻。此中關鍵在因「規矩」成「方圓」，以臻詩文之圓美。見於典籍者，如《文心雕龍‧體性》云：「思轉自圓」，〈風骨〉云：「骨采未圓」。〔註3〕宋人論詩講活法云：「學詩當識活法。活法者，規矩備具而出於規矩之外；變化不測，而不背於規矩。謝玄暉有言：『好詩如彈丸，此真活法也。』」〔註4〕錢鍾書以「圓」論文，以為圓指「詞意周妥、完善無缺之謂，非僅音節調、字句光緻而已。若夫僻澀嘔啞，為字之妖，為文之吃，則不得與於圓也明矣。」又云：「行

〔註1〕黃景進著，《意境論的形成：唐代意境論研究》（台北：臺灣學生書局，2004年9月初版），頁172。

〔註2〕同前註，《寄鶴齋詩話》，頁58。

〔註3〕劉勰原著，周振甫注，《文心雕龍注釋》（台北：里仁書局，1984），頁536、554。

〔註4〕劉克莊著，《後村集》（文淵閣四庫全書集部‧集部‧別集類）（台北：商務，1983），卷24，〈江西詩派小序〉。

文者總不越規矩二字，規取其圓，矩取其方。故文藝中有著實精發核事切理者，此矩處也；有水月鏡花，渾融周匝，不露色相者，此規處也。今操觚家負奇者，大率矩多而規少，故文義方而不圓。」〔註5〕即因「規矩」成「方圓」。棄生又主張文無定法，文求筆調則無氣格。筆法風調本自意格聲律，意格聲律又本自才氣文思，其說本自王昌齡〈論文意〉：「凡作詩之體，意是格，聲是律，意高則格高，聲辨則律清，格律全，然後始有調。」〔註6〕強調氣格重於筆調。

論意境高妙，棄生云：「姜白石論詩四種高妙，一曰理高妙，二曰意高妙，三曰想高妙，四曰自然高妙，論得入微，具此四種，實爲難得。自古及今除蘇李及十九首，唯有陳思、淵明、謝宣城、鮑明遠、李、杜而已。康樂想高妙，而未自然高妙；王、孟自然高妙，而未想高妙。」〔註7〕論詩家高格，他以姜夔論意境高妙，分判爲四種析賞：一曰理高妙，二曰意高妙，三曰想高妙，四曰自然高妙。學者張健論嚴羽《滄浪詩話》「入神」之境乃至矣盡矣，無可復加。其特徵有四：

> 一爲不設規矩而自合於法度，無意而意自至；二爲旁通萬象，盡無
> 限情意於一人一物一意象中；三爲理趣一如，四爲近而似遠，遠而
> 即身，餘味無窮。〔註8〕

「不設規矩而自合於法度」可謂「自然高妙」。能以一意象賅盡萬象，可謂「想高妙」。「理趣一如」是「理高妙」而又近於「意高妙」。餘味無窮，言近旨遠，可謂「意高妙」。

第一節　理高妙

宋代黃庭堅〈與王觀復書〉云：「劉勰嘗論文章之難云：『意翻空而易奇，文徵實而難工。』……好作奇語，自是文章病，但當以理爲主，理得而辭順，文章自然出群而拔萃。」〔註9〕文章與詩歌皆有理高妙者。棄生云：「蘇公詩

〔註5〕錢鍾書著，《談藝錄》（台北：書林出版公司，1988），頁114。
〔註6〕張伯偉校考，《全唐五代詩格校考》（西安：陝西人民教育出版社，1996年7月），頁138。
〔註7〕同前註，《寄鶴齋詩話》，頁81、103、87。
〔註8〕張健著，《詩話與詩》，頁232。
〔註9〕黃庭堅著，《山谷集》《景印文淵閣四庫全書·集部·別集類》（台北：商務印書館，1983），卷17。

多以趣勝」。以蘇軾〈秀州僧本瑩靜照堂〉一詩為例，棄生云：「真聰明語，為理學家透過一層。」〔註 10〕蘇軾詩云：「鳥囚不忘飛，馬繫常念馳。靜中不自勝，不若聽所之。君看厭事人，無事乃更悲……。」〔註 11〕以其理趣過人。

此外，棄生詩寫景言情，喜好取用地名入詩以收取遠神。原因是他主張詩文家不能不明習輿地之學，以地名入詩，詩於抒情之外兼有知性的理趣：

> 輿地之學，不獨經濟家宜明習，即詩文家亦不能不明習，多識鳥獸草木之名，猶其末耳。文之關於輿地固多，即如詩題之克官渡、定武功、屠柳城、戰城南、平陵東、扶風歌、雁門行、隴西行、伊州曲、隴上歌、長干行、西洲曲、橫江詞、出自薊北門行、并州羊腸坂、汴水流、泗水流，諸如此類，未遑枚舉。若不明地理之所在，亦何從措詞。李杜韓蘇足跡半天下，地理固其所明，即王摩詰〈送魏郡李太守赴任〉詩云：「蒼茫秦川盡，日落桃林塞。獨樹臨關門，黃河向天外。前經洛陽陌，宛洛故人稀。故人離別盡，淇上轉驂騑。企余悲送遠，惆悵睢陽路。古木官渡平，愁城鄴宮故。」自長安赴相州，一路山川，朗如列眉。惟睢陽路非其所經，係因李太守兄李峘守睢陽，故用惆悵兩字及之。〔註12〕

王維詩中地名迭出，卻無堆垛壅塞的毛病，讀來反而覺得寫景朗如列眉，情境「逼真」，詩更動人。棄生慣用此法寫詩，如甲午年（1894 年）應太守孫傳衍觀風，試作〈擬王摩詰送劉司直赴安西（應試作）〉五律，首四句云：「黑水凌秦塞，黃河繞漢關。遙行疏勒地，已過賀蘭山。」〔註 13〕自認比原作過之，卻不見激賞，心不快甚。王維〈送劉司直赴安西〉首四句云：「絕域陽關道，胡煙與塞塵。三春時有雁，萬里少人行。」〔註 14〕洪的擬作未必勝過原作，但喜好用地名入詩的手法表露無疑。因此，洪《寄鶴齋詩話》論古代詩人佳什，多取此類作品。如李太白〈峨眉山月歌〉云：「峨眉山月半輪秋，影

〔註10〕《寄鶴齋詩話》，頁 78、47。
〔註11〕蘇軾著，《蘇東坡全集》（台北：世界，1996），頁 18。
〔註12〕《寄鶴齋詩話》，頁 12。
〔註13〕《寄鶴齋詩話》，頁 103。《寄鶴齋詩集》，頁 88。
〔註14〕王維著，趙殿成箋注，《王摩詰全集箋注》（台北：世界書局，1996 年 6 月初版六刷），頁 110。

入平羌江水流。夜發清溪向三峽，思君不見下渝州。」〔註15〕七絕入地名者五，棄生以此爲李白七絕之最：

> ……蓋有神、有氣、有韻、有情、有格、有調，尤有勢，他家傑作，
> 及太白他作，能兼二三，不能兼此七美，然尤妙在自然。〔註16〕

以峨眉山月寫秋氣高寒，攝取月影以取遠神；情寄流水，情韻綿長；格調如《詩經・秦風・蒹葭》，饒富風人之旨；以地理學意趣來寫景，筆勢雄健；地名迭出卻不失自然且詩情蘊藉，得力於文氣轉折有致。此種以地名入詩，以求寫景朗如列眉，近於寫實筆法，詩中的地理學，使感性抒情附屬「知性」的理路。另一種筆法，雖以地名入詩，旨在「興會神到」，近於虛構筆法，如繪畫中「雪中芭蕉」的「造景」筆法。此即清初王士禎云：

> 世謂王右丞畫雪中芭蕉，其詩亦然。如「九江楓樹幾回青，一片揚
> 州五湖白。」下連蘭陵鎮、富春郭、石頭城諸地名，皆寥遠不相屬。
> 大抵古人詩畫，只取興會神到，若刻舟緣木求之，失其指矣。〔註17〕

王維〈同崔傅答賢弟〉一詩，詩自「九江楓樹幾回青」二句之後，接以「揚州時有下江兵，蘭陵鎮前吹笛聲。夜火人歸富春郭，秋風鶴唳石頭城。」其中蘭陵鎮在今江蘇常州，富春郭在浙江富陽。從地理來看，這些地名皆寥遠不相屬，卻交織縐合客子的行蹤和江南近況，誠「興會神到」。王士禎認爲王維畫「雪中芭蕉」，與此詩同妙。

從「造景」與「寫景」言，「興會神到」的景句，近於「造景」，與客觀描寫的「寫景」不同。此因詩語求美，重在想像，不必如地理學中的地名，講究方位、里程全然無誤。因此，詩作或有興會超妙，詩中地名非可程量里計者，王士禎云：

> ……孟浩然〈下贛石〉詩：「暝帆何處泊？遙指落星灣。」落星在南
> 康府，去贛亦千里，順流乘風，即非一日可達。古人詩祇取興會超
> 妙，不似後人章句，但作記里鼓也。〔註18〕

王士禎以爲詩貴有神韻，地理相合與否，不必拘泥。然而棄生云：

> 楊孟載〈岳陽樓〉云：「春色醉巴陵，闌干落洞庭。水吞三楚白，山
> 接九嶷青。空闊魚龍氣，嬋娟帝子靈。何人夜吹笛，風急雨冥冥。」

〔註15〕李白著，《李白集校注》，頁566。
〔註16〕《寄鶴齊詩話》，頁108。
〔註17〕王士禎著，《帶經堂詩話》，頁68。
〔註18〕王士禎著，《帶經堂詩話》，頁68。

雄健可追老杜，然去九嶷實遠。〔註19〕

楊基，字孟載，明初人，與高啓、張羽、徐賁稱四傑。棄生雖稱譽楊氏之詩
作，卻批評詩中的地理舛誤，質實求是，見解有不同於王士禛者。強調詩境
的知性和理趣，又認爲宋詩之特色在「切近賦物」，理趣超拔，其《寄鶴齋詩
話》云：

> 宋人厭其（按：唐人）窠臼，遂出之以風趣，切近賦物。其弊也，
> 俚語諧談，陳陳相因，然詩至此，變態已盡。〔註20〕

宋詩之風趣偏於理趣，張高評認爲宋詩議論化的最大成就，在寓理性認知於
感性形象之中，有理趣而無理障，可謂「理趣超拔」。〔註21〕棄生詩如〈龍潭
路望隔江桃葉山〉云：

> 隔江有名山，山偏曾駐馬。飲馬可渡江，天塹不能阻。湯湯限南北，
> 長江終古瀉。一朝王氣終，隋師盈陳野。美人傳艷聲，至竟亡陳社。
> 江上晉王岡，曾此受降者。異代送青山，一井貽黃瓦。抱膝張麗華，
> 細腰同一把。桃葉歌聲哀，玉樹歌聲哀。迎接過江來，桃根亦難捨。
> 一望仙城中，誰將金粉寫。山水尚依依，無愁有淚灑。〔註22〕

樂府〈桃葉歌〉乃晉王獻之送愛妾桃葉而歌之。陳時江南盛歌云：「桃葉復桃
葉，渡江不用楫。但渡無所苦，我自迎接汝。」後隋晉王楊廣伐陳，即置將
桃葉山下。〔註23〕詩敘此事，「天塹不能阻」點明地利不如人和。美人艷歌，
傳唱而禍國；君王抱美女，卻忘了胸懷家國。「迎接」四句言情根難斷，樂極
生悲之理，妙以兒女之情寫之，倍增淒婉。〈桃葉歌三首〉其二云：「桃葉復
桃葉，桃葉連桃根。」情來復去，當日誰寫六朝金粉？惟見山水依依，悵然
淚灑。

詩有妙理禪趣而無理障者，如〈合肥張君邀同攝影湖上〉云：

> 我來西湖上，一看煙水景。相逢廬州客，邀我同攝影。寺中有雅僧，
> 伴我遊路永。適自山陰回，又宿孤山頂。三人百東坡，湖山不孤冷。

〔註19〕 同前註，《寄鶴齋詩話》，頁44。見萬斯同著，《明史》〈文苑傳〉，卷285，頁
　　　　7328。楊基著，《眉庵集》（景印文淵閣四庫全書・集部・別集類）（台北：商
　　　　務印書館，1983），頁410。此詩第六句作「娉婷帝子靈」，與棄生所引者不同。
〔註20〕 《寄鶴齋詩話》，頁52。
〔註21〕 張高評著，《宋詩之傳承與開拓》（台北：文史哲出版社，1990年3月初版），
　　　　頁485。
〔註22〕 《八州詩草》，頁12。
〔註23〕 郭茂倩編，《樂府詩集》（台北：里仁書局，1981年3月24日），頁664。

此詩典故本自蘇軾〈泛潁〉云：「我性喜臨水，得潁意甚奇。……使君實不癡，流水有令姿。繞郡十餘里，不駛亦不遲。上流直而清，下流曲而漪。畫船俯明鏡，笑問汝爲誰。忽然生鱗甲，亂我鬚與眉。散爲百東坡，頃刻復在茲。此豈水薄相，與我相娛嬉。聲色與臭味，顛倒眩小兒。等是兒戲物，水中少磷淄。趙陳兩歐陽，同參天人師。觀妙各有得，共賦泛潁詩。」「畫船俯明鏡，笑問汝爲誰？」與「觀妙各有得」等充滿禪機和領悟，爲後人在登山臨水之際，或佛門弟子題詠蘇軾事跡時所樂道，如日本禪僧江西龍派（1375？～1446 年）《續翠詩集》中的詩作〈東坡泛潁圖〉即有「散作百時眞本然」的句子。〔註24〕棄生「三人百東坡，湖山不孤冷。」詩詠西湖東坡勝跡，又與友朋散懷山水而同樂，深有妙理。

第二節　意高妙

此外，棄生承襲清初王士禎品畫重神韻之說，寫詩重「興會神到」的「造景」技法。造景筆法常有「興會神到」的意高妙，所謂「雪中芭蕉」，本自宋代沈括論畫之神理云：

> 余家所藏摩詰畫袁安臥雪圖，有雪中芭蕉。此乃得心應手，意到便成，故其造理入神，迥得天意，此難可與俗人論也。〔註25〕

沈括強調書畫不畫形畫意，寫詩詠物不宜隱情而徒重詞。「雪中芭蕉」之畫趣正如學者黃光男《宋代繪畫美學析論》云：「把人事物的細節作審愼的考察，再決定何者可取，何者入畫，選擇能充份表達作者情思的景象，組合爲新的造境。」〔註26〕這種「興會神到」之詩文或書畫，端賴作者將想像觀察力融會於興象中，造理入神，脫形離似，別造幽奇之景緻。作詩能深契領會「造景」之妙，才能無窮出清新。如前述莫里斯‧梅洛—龐蒂所言，視覺的感性信息以一種被動的神秘感，目擊而道存。面對事物，如果我們差不多已經擁有了它們的全部生命，則當畫家受到可見者古遠深處的意志驅策，以自由的透視角度，展現畫布空間的方向、極性、包圍，或是顏色與留白，因爲視角

〔註24〕朱秋而著，〈日本五山禪僧詩中的東坡形象──以煎茶詩、風水洞、海棠等爲中心〉。石守謙、廖肇亨主編，《東亞文化意象之形塑》，頁 354。

〔註25〕沈括著，《夢溪筆談》（上海：上海古籍出版社，1987 年 9 月第一刷），卷 17，頁 542。

〔註26〕黃光男著，《宋代繪畫美學析論》（高雄：國立高雄師範大學國文研究所博士論文，民國 82 年 6 月），頁 202。

的流動，圖像的深度、寬度與高度，畫家一方面遺貌取神，又「彷彿通過可見者向自身集聚，回到自身而在事物中得以誕生」，通過成爲「空無的展示」，「繪畫最終求助於經驗事物中的不管什麼東西，唯一的條件是，它首先是自身具象的。」〔註27〕學者張靜尹曾引《涅槃經》卷三十一云：「譬如芭蕉，生實而枯，一切眾生，身亦如此。」進而引申「芭蕉之身」乃佛家喻凡人之身，就畫意言，在袁安臥雪圖上，添一雪中芭蕉，並非王維不知草木寒暑，而是意味著以凡俗之身經受苦難磨鍊。撇開佛理，但觀雪中蕉綠，不也象徵袁安安貧樂道之節操。〔註28〕王維雪中芭蕉「自身具象」的高妙想像，使畫成爲某種超越意象的「空無的展示」，不但想象高妙，又造境自然。洪棄生在詩歌評論及寫作時，每效法以爲典範。

造理入神，迥得天意，指創作者將心象融鑄於可感的意象中，神韻生動的表情言理，使造境與自然之境渾合爲一，達致「以天合天」的和諧，意同於此。郭熙〈山水訓〉云：

> 眞山水之雲氣，四時不同：春融怡，夏蓊鬱，秋疏薄，冬黯淡。……
> 眞山水之煙嵐，四時不同：春山澹冶而如笑，夏山蒼翠而如滴，秋山明淨而如粧，冬山慘澹而如睡。〔註29〕

將冬天黯淡之景，以山水煙嵐等意象，巧譬猶如沈睡，使景緻更爲生動。這種擬人取神的筆法，洪棄生〈由渚江入鏡湖行山陰會稽道〉云：

> 一路佳山水，重重正疊疊。舟行鏡湖中，左右難應接。鏡湖明如鏡，
> 山山舒笑靨。誰謂冬山睡，對鏡何妥貼。鏡屏既玲瓏，山屏既蘢蔥。
> 朝霞及暮靄，變幻入晴空。一轉開一面，百疊丹青見。一水澄玉奩，
> 千峰展畫屏。有時似新妝，來俯鑑湖旁。日行山陰道，日爲看山忙。
> 更望會稽山，搖曳若耶水。越山何其多，半入長湖裏。

要形容山陰道上的美景應接不暇，重重疊疊，宜用類疊法。喻冬山如睡，映於鏡中。擬人手法，筆觸靈動。「日」行又「日」忙，只爲看「會稽山」、「越山」。形容冬山如對鏡而笑靨融怡之少女，一反陳言，別出心裁。

〔註27〕同前註，龔卓軍著，《身體部署（Dispositif of the Body）——梅洛龐蒂與現象學之後》，頁 113～114、9～12。

〔註28〕張靜尹著，《清代詩學神韻說的論詩旨趣》（高雄：國立高雄師範大學國文系博士論文，民國 91 年元月），頁 121。

〔註29〕王進祥編輯，《中國美學史資料選編》（下卷），（台北：漢京文化出版社，1983年 4 月 5 日出版），頁 13。

　　嚴羽《滄浪詩話》云：「詩有別趣，非關理也。」詩境之佳處，往往無理
而妙。尤其是唐代的絕句佳什，每以景作結，言外有無盡宕遠之神。後代之
作可頡頏前賢者，如清代葉燮（字星期，號己畦，浙江嘉興人，1627～1703
年）〈客發苕溪〉云：「客心如水水如愁，容易歸舟趁急流。忽訝船窗送吳語，
故山月已掛船頭。」〔註30〕詩以流水喻鄉愁，以急流映襯歸心急切；一「忽
訝」筆勢一轉，末以景語宕遠傳神，景中寓情。棄生稱許此詩風格似盛唐，
誠然。〔註31〕棄生詩如〈由鏡湖入蘭溪至蘭渚遊蘭亭登蘭亭山十八韻〉云：

> 浙東山水窟，無若蘭亭路。沿洄鏡湖波，泝入蘭溪渡。會稽水四平，
> 蘭溪獨迅急。想見溪山高，上溪難用楫。溪水蘭花翻，舟至妻宮村。
> 騎驢攜辨才，看山過桃園〔註32〕。漫山嘉樹林，滿谷蒼筤竹。處處
> 青琅玕，崇岡連平陸。溪流曲曲遙，山路重重橋。行過蘭上里，橋
> 落蘭亭椒。下驢度蘭渚，金碧露林楚。入門過鵝池，亭榭出深阻。
> 曲水流觴庭，曲橋墨池渟。鵝書古帖壁，龍陛御碑亭。八面盡佳致，
> 行廚竹裏至。一石一水間，雲煙皆秀媚。出登蘭亭山，明月滿山灣。
> 月對蘭亭挂，人趁蘭溪還〔註33〕。

東晉穆帝永和九年（353年），王羲之（字逸少，303～361年）於上巳日會於
會稽山陰之蘭亭修禊。四十一位友人中，二十六位共作了三十七首詩。由王
羲之作〈蘭亭序〉，其書藝秀媚遒勁，精妙絕倫，有「天下第一行書」的美譽。
蘭亭修禊對後世的影響，如學者衣若芬從「同類相聚」、「同氣相求」的超俗
精神，顯現為後世文人聚會典範的要素。〔註34〕因此，棄生詩中的地名「桃
園」，又使人聯想到李白兄弟春夜桃花園之飲。

　　「鵝書古帖壁，龍陛御碑亭。」指羲之好鵝的故事。清乾隆（1735～1796
年在位）四十四年（1779年）曾命工摹刻「蘭亭八柱帖」，後又「補刻明代端
石蘭亭圖帖」，並御題詩以誌。〔註35〕棄生此詩重「興會神到」的「造景」技
法，如「一石一水間，雲煙皆秀媚。出登蘭亭山，明月滿山灣。月對蘭亭挂，

〔註30〕王英志注釋，《清詩三百首》（台北：三民書局，2010年），頁204。
〔註31〕《寄鶴齋詩話》，頁104。
〔註32〕作者註：「地名。」
〔註33〕作者註：「十九夜。」
〔註34〕衣若芬著，〈俯仰之間——「蘭亭修禊圖」及其題跋初探〉，衣若芬著，《遊目
　　　　騁懷：文學與美術的互文與再生》（台北市：里仁書局，2011年8月），頁128。
〔註35〕衣若芬著，〈俯仰之間——「蘭亭修禊圖」及其題跋初探〉，衣若芬著，《遊目
　　　　騁懷：文學與美術的互文與再生》，頁80。

人趁蘭溪還」。秀媚寫雲煙已有氤氳之美，「滿」寫月光，「挂」寫月的位置，更妙的是以「還」與「環」同音，所遊在陰曆十一月十四日月亮將滿之時，諧音雙關又字義雙關，不細讀不知，所謂含蓄婉曲者。

第三節　想高妙

作詩能以一意象賅盡萬象，可謂「想高妙」。詩意想像高妙而求詩語奇與麗，即洪氏重視「生香」、「活色」：

> 愛香當以生香為妙，麝臍雞舌俱為下品；玩色當以活色為趣，剪綵
> 錯繡不免塵俗。故論香色，以花為貴，知此者可與讀中晚之詩。論
> 花之香宜取奇香，梅為最、蘭次之、桂又次之。論花之色宜取秀色，
> 菊為最、蓮次之、牡丹為下。知此者可與讀六朝之詩。或謂出水猗
> 猗，籬菊不如池蓮；含霜挺挺，盆蓮不如瓶菊。〔註36〕

「生香為妙」，「活色為趣」，以其生動鮮活，所以可貴。「奇香」及「秀色」二者尤貴，以其不比於俗近。籬菊盆蓮因其各有姿韻、各擅勝場。鮮活生動就像史蒂文斯（Wallace Stevens）在其《格言集》（Adage）說：「想像力渴待受到縱容。」「賦予生命清新鮮活的感受是詩合理的目標。」〔註37〕

清初王士禛論詩以「清遠」為尚，棄生承自王士禛之說，每稱許漢代古詩以及二謝詩。〔註38〕謝靈運、謝朓詩寫景清麗工奇；巧構形似，興象深微。如謝朓詩〈晚登三山還望京邑〉「餘霞散成綺，澄江靜如練。」〈遊東田〉「魚戲新荷動，鳥散餘花落。」其微妙意象不讓康樂專美於前，足供後人取法。棄生云：

> 蔡伯喈之〈飲馬長城窟行〉，命意多源於國風，中間於言情中，忽著
> 「枝桑知天風，海水知天寒」二語。與陶公「孟夏草木長」一首，
> 於敘述中忽著「微雨從東來，好風與之俱」二句，均是化工妙筆，
> 是亦詩人奇特之筆。後來惟謝康樂之「池塘生春草」一接，亦同此
> 妙，然通體不稱，殊不及陶作之渾然元氣，且亦不及蔡作之自然天
> 籟也。〔註39〕

〔註36〕同前註，《寄鶴齋詩話》，頁67。
〔註37〕轉引自海若·亞當斯（Hazard Adams）著，傅士珍譯，《西方文學理論四講》
　　　　（台北：洪範書店，2000），頁117。
〔註38〕同前註，《帶經堂詩話》，頁70、73。
〔註39〕同前註，《寄鶴齋詩話》，頁3。

以此論古代詩人紀遊詩「情」「景」交融，謝靈運〈登池上樓〉「池塘生春草，
園柳變鳴禽。」寫景自然，與漢古詩及陶詩各臻其妙。然謝詩云：「進德智所
拙，退耕力不任。」詩中寓出處之矛盾徬徨於山水描寫，不如陶淵明詩作之
渾然澄靜，亦不如漢詩之天籟自然，惟其巧構形似之佳句，可謂邁越前人。
棄生詩情味眞醇，較近於陶淵明詩之渾然澄靜。謝靈運模山範水之佳詩「其
所寄懷，每寓本事，說山水則苞名理。」〔註40〕爲山水詩拓新宇。洪氏詩意
象所呈現引物連類的明喻（simile），投射心象的隱喻（metaphor），參透物象
的靈啓（epiphany），風格清遠近於陶、謝，又有似王維者。

　　謝氏山水詩之佳句，如〈入華子崗是麻源第三谷〉「銅陵映碧澗，石磴瀉
紅泉。」「碧」、「紅」二字色彩鮮麗。〈歲暮〉「明月照積雪，朔風勁且哀。」
句健景活。〔註41〕棄生以姜夔「非奇非怪，剝落文采，知其妙而不知其所以
妙，曰自然高妙。」〔註42〕的說法來理解王士禛所賞愛的王、孟詩風；以姜
夔「寫出幽微，如清潭見底，曰想高妙。」與王士禛的「清」「遠」二字來體
會二謝山水詩意象之微妙。主張五言古詩欲「清遠」而有「神韻」，寫景當如
二謝之清麗雄奇，所謂「五古學二謝，最能見微妙」；言情則當如韓愈、蘇軾
之眞摯。〔註43〕

　　謝靈運、謝惠連的山水詩佳境，誠如廖蔚卿所論，對於六朝詩，特別是
山水詩「巧構形式之言」的創作過程，須「體物」「寫物」「感物言志」的基
本型式，「實際統攝之整體結構上的三個要素」：

　　　「一是題材，即巧構形似的對象」，「以自然物色爲主」，「二是技巧，
　　　即巧構形式的手法」，「主要是指比興誇飾等描寫形容的修辭技巧。」
　　　「三是題旨，即巧構形式的作用及目的：吟詠其志。」

廖氏強調「巧構形似的手法」，〔註44〕本自劉勰《文心雕龍・物色》，指出山
水詩其創作過程往往描寫物象的多樣面貌。至於創作手法，如棄生論詩，一
向主張興象微妙，意境含蓄紆餘。而創作手法不外是賦、比、興運用得法，
詩才能「含蓄紆餘」。氏強調：「詩至杜公，發洩極矣，然其發洩之中，仍具

〔註40〕黃節著，《謝康樂詩註》（台北市：藝文印書館，1987），序文。
〔註41〕黃節著，《謝康樂詩註》（台北：藝文印書館，1987），序文。
〔註42〕姜夔著，《白石道人詩說》，吳文志主編，《宋詩話全編》（南京：江蘇古籍古
　　　　出版社，1998），頁7550。
〔註43〕同前註，《寄鶴齋詩話》，頁114。
〔註44〕廖蔚卿著，《漢魏六朝文學論集》（台北：大安出版社，1997），頁539、547。

唱歎不盡之致。」「古人使才皆有含蓄不露、紆餘不盡之處，……予謂韓、蘇亦自有韓、蘇之含蓄紆餘處，所以可傳，所以可貴。」〔註45〕論詩主「含蓄」，如張戒《歲寒堂詩話》論《詩經》「愛而不見，搔首踟躕。」「其詞婉，其意微，不迫不露，所以可貴也。」又論唐代詩人孟郊詩「格致高古，詞意精確。」張健闡述此「含蓄」詩論，認為「『格致高古』大致可與『意微』相表裏，『詞意精確』與『詞婉』不同，但亦不相犯，含蓄者仍可以暗示精確之意趣境象，精確亦不等於直陳坦露。」〔註46〕

　　詩的意境兼具詞意精確、婉轉、微妙，關係從意識到言語溝通的問題。以此觀點來討論文字的「意符」與「意旨」，以及符號與現實之間的關係：「空白」。試以蔡淑玲論文中，對於法國學者莫里斯・布朗肖（Maurice Blanchot，布朗肖，蔡淑玲論文譯白朗修）強調文學中「空無」的經驗。〔註47〕強調文字的矛盾、吊詭，以此手段使人思考「意義」為何。「意旨」因其不可想而存在，恆在書寫「意符」有限的指涉之外。此已契合《老子》「道可道，非常道。」的存在思維。布朗肖認為越書寫離真實越遠，書寫者不斷來回於真實與想像之間，為了經驗「真實」與「空無」，書寫的欲望無止無盡掉入「不可能」的「放逐」中。閱讀或書寫是「空無」，是與「不可能」、「真實」之間「距離的接觸」，在生死間無盡往返與接觸。布朗肖視寫作的中心點為語言的完成與語言的消失的偶合之點，在模稜兩可的中心點，一切在自訴。語言的消失指東西表象的消失，語言的完成指想像物的永無止境的完成。〔註48〕

　　以閱讀或書寫是「空無」，強調「言外之意」與「無言之妙」，從守真隱逸的浩然胸次言，如陶潛〈飲酒二十首〉其五末云：「此中有真意，欲辨已忘言。」的悠然神悟。另一方面，從安身立命的人倫義理言，如杜甫〈擣衣〉云：

　　　　亦知戍不返，秋至拭清砧。已近苦寒月，況經長別心！寧辭擣衣倦，
　　　　一寄塞垣深？用盡閨中力，君聽空外音。

首聯寫不可解於心的深情。頷聯、頸聯以思婦徒勞辛苦，委婉傳情；映襯塞

〔註45〕同前註，《寄鶴齋詩話》，頁 12、34。
〔註46〕張健著，《文學批評論集》（台北：臺灣學生書局，1985），頁 33。
〔註47〕蔡淑玲著，〈德布達（即德希達）與白朗修對「空無」看法的異同：符號與現實之間的關係〉（《中外文學》第 22 卷第 10 期，1994 年 3 月），頁 99～115。
〔註48〕莫里斯・布朗肖（Maurice Blanchot）著，顧嘉琛譯，《文學空間》（北京：商務印書館，2003 年 11 月），頁 26～31。

垣深遠，益顯思念如縷不絕。末聯如思婦寄語夫君的情語。詩於空處落想，從有聲無言的辛苦攬衣寫起。「真實」的攬衣動作，「不可能」傳達的相思寄語，詩人的同情「在生死間無盡往返與接觸」，文字極具張力，沉鬱頓挫，氣骨入神。回頭論莫里斯・布朗肖對寂靜沉默的心境，以及想像語言的強調，一如陸機《文賦》「課虛無以為有，叩寂寞而求音。」又可參證蘇軾主張寫作：「求物之妙，如係風捕景。」視「詞達」為難。〔註 49〕又強調創作心境的空與靜，所謂「靜故了群動，空故納萬境。」靜以觀動，空以納境；想像與寫作時「係風捕景」的筆力，棄生在〈近年薄置田畝擬待拙著集成變鬻以供剞劂特恐不值一文不免於詅癡符之誚也詩以誌之〉云：「況余詩文求自適，不期眾好寧非偏。冰心自攜冰一卷，古調獨彈古七絃。高希萬載羲皇上，曠遊八極鴻濛先。放筆洪濤走溯湃，冥心造化歸鑱鐫。咸韶欲招里耳聽，如置石鼓伶人前。」〔註 50〕「高希萬載」四句，指出他對風格的要求：天真、淡遠、雄健、渾然。作詩既不求俗耳悅入，聲名則只能留待身後桓譚。詩文求自適，寫作時如冰心在壺，筆力但求能「冥心造化歸鑱鐫」，期能有想像高妙之詞。其〈遠遊在臺北路作〔註51〕〉云：

> 我家傍海隅，常聞風濤作。去山二十里，不見青山壑。有時見山容，
> 足已涉城郭。此行向中華，萬山將籠絡。不圖臺北路，群峰先嵥峉。
> 有如赴汪洋，河伯先海若。路出香山間，海山俱寥廓。四水望西流，
> 連山自東落。山水交瀠洄，紅塵供插腳。我車風雷馳，我神屍輪躍。
> 一出雞籠山，一身脫塵縛。俯仰洪波〔註52〕中，天地入冥漠。

詩先敘述遠遊大陸，嚮往已久。尚未離開台灣，遊興先已遄飛。一路寫景，海線鐵路一路北上台北，一過苗栗、新竹、桃園，海山寥廓，望水西流，望東有山山相連。「一出雞籠山」，雞籠既是地名，又有出脫樊籠的雙關。陶淵明〈歸園田居〉云：「久在樊籠裡，復得返自然。」棄生的意象工巧過之，可說是「想高妙」。

〔註49〕蘇軾著，《宋蘇軾行書答謝民師帖卷》（上海：上海書畫出版社，2003 年 7 月），頁 1。

〔註50〕《寄鶴齋詩集》，頁 312。

〔註51〕編者按：自此詩以下至〈將近九江忽望天南有似雲非雲而天為蔽虧者知為廬山矣賦之〉，收於《八州詩草》卷一。

〔註52〕編者按：「洪波」，省文獻會全集本誤作「洪渡」，今據原稿甲本改正。

第四節　自然高妙

《莊子‧漁父》云：「眞者，所以受于天也，自然不可易也。故聖人法天貴眞，不拘于俗。」不從俗規，率眞表意之詩方有自然意趣。

錢謙益云：「通人大匠之詩，鋪張鴻麗，捃拾淵博，人自以爲工，而非吾之所謂自然而然者也。遵王學益富、心益苦，其新詩陶洗鎔鍊，不遺餘力矣，而其天然去雕飾者自在。」〔註53〕爲文雖須仰仗腹中卷書，然而詩作以緣情導意、動乎天機，天眞爛熳自然而然者爲工，而非鋪張捃拾，炫學炫博。詩意欲臻自然，除了學富而心苦，陶洗鎔鍊，不遺餘力外，別無他法。

「天機獨到」、「妙手偶得」的佳作，其自然高妙似乎是信手拈來，有如神助。其實下筆時之天機，或說寫作時的靈感，往往是作者長時間的努力求索，經歷多少寫作修改，鍥而不捨的毅力與學習贏來的，此即棄生所強調「學力」的重要。那種近於「無意識」寫作所具的威力，如作家大衛‧范恩（David Vann）談到寫作的原因：「一部作品在如同那樣的時刻裡有了生命，自行說出故事，形成超乎我想像的格局。」〔註54〕「天機獨到」、「妙手偶得」的文學和自然無爲的處世觀，如蘇洵〈仲兄字文甫說〉云：

> 然而此二物者豈有求乎文哉？無意乎相求，不期而相遇，而文生焉。是其爲文也，非水之文也，非風之文也，二物者非能爲文，而不能不爲文也。物之相使而文出於其間也，故曰：此天下之至文也。今夫玉非不溫然美矣，而不得以爲文；刻鏤組繡，非不文矣，而不可與論乎自然。故夫天下之無營而文生之者，唯水與風而已。〔註55〕

蘇洵以《周易‧渙》中「風行水上，渙」一語，強調「至文」的涵義，在「無營」爲文，「無營」而自然處世的人生觀。此說印證文學作品中的佳句名言，例如《詩經‧采薇》「昔我往矣，楊柳依依；今我來思，雨雪霏霏。」自然天成，以景寓情，如錢鍾書所說，遺貌取神，乃修辭美學的最高境界。〔註56〕

詩文臻於自然高妙者，如晉、宋易代之際的大詩人陶潛，作品以眞厚省淨著稱。淵明詩擺落文字聲色、技法上的奇巧，深造自得，看似平淡，細味

〔註53〕錢謙益著，《錢牧齋全集》（伍）（上海：上海古籍出版社，2003），頁826、829。
〔註54〕大衛‧范恩（David Vann）著，羅曉華譯，〈致中文版讀者〉《記憶冰封的島嶼（Legend of A Suicide）》（台北：天培文化公司，2012年2月），頁10。
〔註55〕《新譯蘇轍文選》，頁533～535。
〔註56〕林祥征著，《錢鍾書先生論《詩經》《楚辭》》（台北：五南圖書公司，2013年12月），頁55。

則真樸高古。棄生謂作詩當「取味於陶。」稱許陶詩有真味。〔註 57〕棄生詩如〈勦蕃行〉寫 1914 年日人討伐太魯閣族戰役，受到淵明〈桃花源記〉「乃不知有漢」一語暗示，不以漢族文化自傲，認同原住民家園如桃花源，卻慘遭日本人蹂躪。從學者德·曼「解構」即「誤讀」的理論，文學的文本是寓喻性的語言。因此，閱讀從來不是處理文本的意義，卻總是挑戰意義提出的豐饒性，其豐饒甚至無法自我描述。意義的豐饒強調文本不能定義乃是閱讀時主動而無終止的挑戰。因此，詩的體裁在揭露意義的同時，也暗示掩匿了意義。〔註 58〕而深入閱讀的「誤讀」之後方能變格求新，方知經典陶洗鎔鍊之功。這種閱讀經驗即棄生遊覽大陸徐州黃樓，懷想蘇軾當年的勝蹟與佳作云：

> 東坡因黃樓作詩頗多，而莫妙於送鄭司戶云：「水繞彭城樓，山圍戲馬臺。古來豪傑地，千載有餘哀。」以下十二韻運用徐州故事，如水著鹽，寫景亦如水月鏡花。〔註59〕

蘇軾的〈又送鄭戶曹〉云：

> 水繞彭城樓，山圍戲馬臺。古來豪傑地，千載有餘哀。隆準飛上天，
> 重瞳亦成灰。白門下呂布，大星隕臨淮。尚想劉德輿，置酒此徘徊。
> 爾來苦寂寞，廢圃多蒼苔。河從百步響，山到九里回。山水自相激，
> 夜聲轉風雷。蕩蕩清河壖，黃樓我所開。秋月墮城角，春風搖酒杯。
> 遲君為座客，新詩出瓊瑰。樓成君已去，人事固多乖。他年君倦遊，
> 白首賦歸來。登樓一長嘯，使君安在哉？

紀昀評「蕩蕩」以下至結句「曲折往復，極有情思。」趙克宜評云：「一意引申不盡，即境生情，遂成妙語。」〔註60〕紀、趙二人評語，以此詩情境相生，寬解送別離情為他日重遊之眷眷。棄生稱其用典，誠如袁枚所云：「用典如水中著鹽，但知鹽味，不見鹽質。」〔註 61〕因典故切合當前情事，益顯情味。寫景如水月鏡花，妙在渾融情景，景清朗而情遙長，可謂自然高妙。

　　自然高妙的旅遊詩，即清代田同之所謂描寫景物能「遇事而見」。田同之

〔註57〕《寄鶴齋詩話》，頁 67、103。
〔註58〕Martin McQuillan 著，PAUL DE MAN，（London：Taylor & Francis Group，2001），頁 50～58。
〔註59〕洪棄生，《八州遊記》，頁 178。
〔註60〕蘇軾著，曾棗莊彙評，《蘇詩彙評》（成都：四川文藝出版社，2000），頁 690。
〔註61〕袁枚著，《隨園詩話》（台北：漢京文化公司，1984），卷 7，頁 235。

《西圃詩說》云：「詩中無所爲奇，即有奇可矜，亦遇物而見。猶夫三江、五湖，平漫千里，因風石而奇耳，豈強造哉！」學者張健闡述「遇事而見」之奇，「不同於標新立異，強造之奇。乃合乎自然的法則，遇實物實景實情實事而出之奇，便足珍貴。」〔註62〕此即棄生推崇清初詩人吳偉業的五言古詩佳什，「皆湊泊天然，香色並佳，不事雕飾而有餘綺者。」〔註63〕棄生詩如〈舟泛大海作〉云：

> 放櫂大洋中，四見滄海色。長天入巨浸，或玄或深黑。江南見混黃，
> 臺麓見綠碧。但是蹴風行，層層皆雪白。有時浪矗空，銀雪三山積。
> 平落洪浸間，隱隱黑龍脊。我乘艨艟遊，不畏長鯨擲。談笑輕波濤，
> 昂頭天咫尺。

以極有層次的筆法摹寫天光海色。「有時浪矗空」二句以山來譬喻海，意象出奇。又以擬人筆法，豪邁談笑，昂首天外。此寫海輪破浪衝濤的壯觀，開前人未有之境界，自然高妙。〈夜船寄泊吳淞口外〉云：

> 波濤萬里到江關，遠見燈船碇海灣。
> 日落吳淞江外泊，天邊迴首〔註64〕望佘山〔註65〕。

壯闊的海景，夕陽與船燈輝映，自然高妙且景與情會，「湊泊天然，香色並佳。」

　　洪棄生論詩歌意境的高妙：一曰理高妙，二曰意高妙，三曰想高妙，四曰自然高妙，即因「規矩」成「方圓」。如何對物的觀察深入、精密？棄生認爲「天分」表現爲詩作之「氣機」，「學力」之高低使意境有深有淺。理高妙強調文章以理爲主，理得而辭順，棄生詩寫景言情，喜好取用地名入詩以收取遠神。原因是他主張詩文家不能不明習輿地之學，方有理趣。意高妙強調王維雪中芭蕉「自身具象」的高妙想像，使畫成爲某種超越意象的「空無的展示」，不但想象高妙，又造境自然。棄生在評論及寫作詩歌時，每以此爲典範。想高妙強調詩文求自適，寫作時如冰心在壺，筆力但求能「冥心造化歸鑪錘」，期能有想像高妙之詞。自然高妙強調用典故切合當前情事，益顯情味。寫景如水月鏡花，妙在渾融情景，景清朗而情遙長。

<hr>

〔註62〕張健著，《詩話與詩》，頁287。
〔註63〕《寄鶴齋詩話》，頁61。
〔註64〕編者按：「迴首」，省文獻會全集本「迴」誤作「回」，今據原稿甲本改正。
〔註65〕作者註：「十月十二夕得。」

餘論：變風變雅以諷諭，變格破體以求新

　　如何評價棄生的旅遊詩歌《八州詩草》？我認為只有從新變的角度討論。筆者已出版之著作《臺灣古典詩家洪棄生》對洪棄生各類主題詩歌深入析賞。由評論洪棄生作品所得的理論概念兼具詩人人格發展的「歷時性」，與作品統合「知、情、意」的「共時性」研究價值。洪棄生對中國文學理論與作品批評可視同創作結合批評的獨到之見。

　　因此，筆者此書以其詩歌的研究為基礎，進而建構旅遊詩歌批評之要旨。如果把作品放在一個「文學接受史」的脈絡，後人如何從批評前人作品的優劣中，創作時再推陳出新，別成一家。尤其棄生處在中國古典文學集成期的晚清，對照民國初年新文學運動的作品和理論脈絡，筆者先瞭解其作品和批評之要旨，方能更精要評價其旅遊詩歌的成就。換言之，如何把作品放在一個有意義的脈絡裏去衡量其特色與價值？

　　筆者是從「新變」的觀點，此因「變格」說強調儒家詩教的「詩言志」，以及「變風」發乎情，止乎禮義。詩的獨特性和歷史背景、文化環境和語言特色有關。如何曲昭詩體？如何洞曉情變？此中要素，一在情性，一在陶染。棄生一向重視詩的體製和氣格，也就是詩的體格。體格論也關涉詩的體製、形式、韻律規則等標準。作詩但求體正，再變化求意境。詩求變化，要應諸心而本諸法。則須積習日久，待矜持盡化，形迹俱融，自有超邁之興象風神。這是他從「古雅」中追求「新變」的觀點，以此提出兩點來評論其旅遊詩歌的成就。

第一節　變風變雅以諷諭

　　洪棄生論中國古代詩人杜甫與陸游的性情及詩作，以及身世背景云：「杜公詩，多得變風遺音，此外惟陸公詩亦然。杜、陸二公所遭略同，不獨詩近古作者，即性情亦近古作者。」〔註1〕杜甫、陸游詩染變風遺音，性情亦近之。清末世變方殷，詩人作品多染變風，氏〈讀變雅詩說〉、〈讀變雅書感〉等文感慨家國，有憂世憂身之感，引《詩經》變風變雅以諷世傷時。〔註2〕

　　學者陳昭瑛討論洪棄生《寄鶴齋詩話》中所表述的儒家詩學有兩大特色：「一是對『變風變雅』的高度重視，一是以『情理俱足』為《詩經》之所以為經的依據。」「變風變雅」之說始於〈詩大序〉云：

　　　　至於王道衰，禮義廢，政教失，國異政，家殊俗，而變風變雅作矣。

可見變風變雅屬亂世之作，如〈詩大序〉云：「傷人倫之廢，哀刑政之苛，吟詠情性，以風其上，達於事變而懷其舊俗者也。」〈詩大序〉認為亂世之人倫廢棄，刑政苛刻，故詩歌多表現哀傷之情。〔註3〕

　　鄭玄在《詩譜‧序》則將「正經」與「變風變雅」對舉。前者為周文王、武王、成王時的作品，後者為周代政教漸衰以後的作品。認為「孔子錄懿王、夷王時詩，迄於陳靈公淫亂之事，謂之變風變雅。」鄭玄從政教興衰的觀點論「變風變雅」，考諸《詩經》內容，顯得鑿枘不合。至於朱熹《詩集傳‧序》指出「變風」乃出於心之所感「有邪正是非之不齊」，雖有邪非者，但也有「得性情之正者」。要而言之，鄭玄、朱熹皆重視詩的教化功能，鄭玄從政教人倫，朱熹則從詩感物而形於言，以聖人立言為教，出之以正的觀點。先不論其與《詩經》中詩的意涵是否相應，其文本詮釋在乎《詩經》的興、觀、群、怨，也就是本自孔子說《詩經》，強調事父事君的觀點。

　　洪氏稱「三百篇、離騷，一片天機，似不可句摘。」〔註4〕又稱《詩經‧小雅‧六月》〈采芑〉等詩，俱有「泰山巖巖之氣象，而兼河水洋洋之自然。（中略）蓋後學之雋，雖能得其辭之巖巖，亦不能得其辭之自然，至於真性情則無從而得，此所以為經。」〔註5〕磅礡嚴峻，情理溢乎詞，渾雅自然，真

〔註1〕《寄鶴齋詩話》，頁3。
〔註2〕陳光瑩著，《臺灣古典詩家洪棄生》，頁10～13。
〔註3〕陳昭瑛著，《臺灣儒學：起源、發展與轉化》（台北：正中書局，2000年3月），頁267～269。
〔註4〕《寄鶴齋詩話》，頁6。
〔註5〕《寄鶴齋詩話》，頁3。

性情畢見，此即所謂「語淺而意深」、「意平而格高」。舉例者皆屬變雅之詩，相較鄭玄、朱熹，棄生更肯定變風變雅詩作的價值。

棄生論詩雖主張變風變雅，認為詩風深染時世變亂之音，〈讀變雅書感〉所謂：「蓋詩人哀於下，志士憤於上，一戰殺敵兆於風謠之間矣。」〔註6〕但論唐詩初、盛、中、晚風格的分判，則依詩歌風格立論，不同於明末清初宋琬，以風、雅之有正變論唐詩。宋琬（字玉叔，號荔裳，山東萊陽人。1614～1673年），清初詩人，繼江左三大家後，王士禛以「南施北宋」為後勁。施即施閏章，宋即宋琬。〔註7〕宋琬於清順治四年中進士，授戶部主事，始官京師，即與施閏章及丁澎等人詩相酬和，有「燕臺七子」之稱。吳之振《國朝八家詩選》以宋琬為首，次曹爾堪、施閏章、沈謙、王士祿、程可則、王士禛、陳廷敬共八人。洪棄生推舉清代詩家十人，提到宋琬。又云：「程湟榛名可則，與宋琬、施閏章、沈荃、曹爾堪、王士祿、士正，汪琬詩稱八家。」〔註8〕宋琬論唐詩分期，本明代高棅《唐詩品彙》初、盛、中、晚說，宋云：

> 夫詩之有初、盛、中、晚也，猶風、雅之有正變也。運會遷流，作者初不自知，而其畛域判然，如寒暑黑白之不可淆。自虞山之詩選出，而學者無所折其衷。其言曰：「詩一而已，無所謂初、盛、中、晚也。」〔註9〕

宋琬不贊同錢謙益「唐詩無須分期」的批駁，以季札適魯觀樂，主張時代氣運與詩歌風格密切相關。棄生說法則以「詩歌風格」為觀點論唐詩分期：

> 劉文房登開元進士，輩行先於李、杜，而李、杜詩列盛唐，劉詩列中唐，故後人謂盛、中、晚，亦兼論詩格，不盡拘時代，有由也。
> 大曆十才子之錢仲文亦然。余謂論詩格，而盛唐之錢、劉可入中唐；則中唐之韓、柳，實亦可入盛唐矣。〔註10〕

棄生說法亦主張時代氣運與詩歌風格密切相關，但詩歌風格因就作品細論，不以作者時代為限，見解通達。他與宋琬的差別，一就風格的個人特性，一著眼風格的現世性。

棄生詩歌創作因變風變雅之精神以諷諭，每能立意生鮮。其思考不同流

〔註6〕《寄鶴齋古文集》，頁245。
〔註7〕宋琬著，馬祖熙標校，《安雅堂全集》（上海：上海古籍出版社，2007），前言。
〔註8〕同前註，《寄鶴齋詩話》，頁28、56。《安雅堂全集》〈趙雍客詩序〉。
〔註9〕宋琬著，〈趙雍客詩序〉，《安雅堂全集》，頁378。
〔註10〕《寄鶴齋詩話》，頁62。

俗，有如學者張高評研究中國文學作品中的王昭君形象，對宋人的題詠，引明曹學佺〈宋詩序〉稱宋詩：「取材廣，而命意新。」引申道：

> 所謂異化，指立意之變常、改異、生鮮、新奇，而以形象清新，風格創新爲極致。〔註11〕

棄生以變風變雅詩論，求取材、命意之異化，諷諭當代的作品能立意生鮮，風格清新。如遊湖北省武穴，指斥軍閥稔禍殃民者，〈過武穴懷古〉云：

> 九穴凤已湮，今餘武穴鎮。鉤鈐贛鄂邊，市樓高九仞。大船來龍驤，小櫂槳鳧趁。旅客在江干，群候潮有信。武山及武湖，古蹟不可認。舞陽九江王，昔有三城峻。征破敵攸之，師自青林進（水經注此作青林口）。咸豐收廣濟，屯軍亦設汛。六代幾滄桑，何況問漢晉。「昨年兵燹（去年辛酉武穴兵變）災，幸不付灰燼。」我過江水青，回首江流迅。左逕富池口，舟人相問訊。

湖北武穴鄰贛，清置武穴司。〔註12〕九穴乃泊名，在山東省高密縣，時已湮。武穴則「鉤鈐贛鄂邊」，爲軍事必爭之要鎮。棄生謂此地「電桿雲連，電線如蛛網，屋宇廣署高墉，露列江圩。」〔註13〕旅客群候於江干，等待潮來舟檣。廣濟縣南有武山、武湖。武山湖濱舊有樊噲城，世傳漢高祖命樊噲征黥布，築此屯兵。〔註14〕東西舊有二小城，相傳爲漢九江王黥布宅。棄生詠詩云：「湖邊舊繞黥布宅，山岑今蕪樊噲城。」咸豐四年（1854年），曾國藩督水師循江下，偕塔齊布復廣濟、黃梅。《水經注》謂宋太始元年（465年），明帝遣沈攸之西征子勛，伐柵青山，其地有青林湖，即在此。誰知棄生來遊的前一年又重罹兵燹之災，幸未付之一炬。舟過處水清流迅，過此二十五里，南有富池口，爲濱江往來要道，《水經注》所謂富口。〔註15〕舟至此與舟人問訊，「昨年」以下六句如江南樂府〈長干行〉，唐代詩人崔顥所作：「君家何處住，妾住在橫塘。停船暫借問，或恐是同鄉。」相互問訊的情味，親切中多少滄桑餘悸，可謂立意生鮮，風格清新。

〔註11〕 張高評著，《王昭君形象之轉化與創新：史傳、小說、詩歌、雜劇之流變》（臺北：里仁書局，2011年12月），頁252。
〔註12〕 國史館編，《清史稿校註》，卷74〈地理志〉，頁2440。
〔註13〕 《八州遊記》，頁91。
〔註14〕 清和珅等奉敕撰，《欽定大清一統志》，卷263，〈黃州府〉，頁111、116、120。
〔註15〕 國史館編，《清史稿校註》，卷414，〈羅澤南傳〉，頁10094。《八州詩草》，頁30，〈過武穴即事〉一詩。《八州遊記》，頁91。楊守敬、熊會貞疏，《水經注疏》，卷35，〈江水注〉，頁2928～2929、2927。

第二節　變格破體以求新

棄生作詩，在「求其可古可今而不可俗而已」，變格破體以求新方能超越前人，有所成就：

> 余言詩，不主宗派，不立宗旨，惟一意以古時之詞，寫今時之事；
> 以今人之情，入古人之格。唐以前多含蓄，而不能盡事情，則取唐
> 以後之法發揮之。宋以下專發洩而不能涵風韻，則取宋以上之格約
> 束之，求其可古可今而不可俗而已。

「以古時之詞，寫今時之事。」棄生因主張詩語當雅正，不可攙入方言、俗語。「以今人之情，入古人之格。」則貴在轉益多師，取法前人之優點，以求詩作格高而不俗。論其取徑及方法，如棄生云：

> 或問入格之道當如何？余謂此不可以言詞形容也，當自取漢魏晉宋
> 及初唐盛唐諸名家詩習之。習之既久，唐以前各名家精神懸於心目，
> 則自無不入格之作，彼時再瀏覽宋元明及國朝諸家，則萬象在旁，
> 唐以上、唐以下之人皆入我鑪錘，又庶幾其到矣。

平日寢饋於前人詩作，以研法取神；臨文之際復善自錘煉，詩作庶幾可入格而到家。又云：

> 學三百篇，學離騷，皆當寢饋於平時，而下筆時則不容絲毫著意，
> 當以無心自然得之，乃能有合。不然雖賈長沙、班孟堅，不免無味，
> 何況他人？〔註16〕

平日學《詩經》、《離騷》，並取徑漢魏以下詩作，此本自劉勰《文心雕龍·通變》「參古定法」的理論。〔註17〕至於作詩時不容絲毫著古人意，「當以無心自然得之。」亦本自宋人「妙悟」之說。清人袁枚也說：「人閒居時，不可一刻無古人，落筆時不可一刻有古人。平居有古人，而學力方深。落筆無古人，而精神方出〔註18〕。」要在真積力久，鑪錘功深，看似無心自得，如陸游所謂「文章本天成，妙手偶得之。」實乃用功所致。

作詩是否能從「入格」到「變格」，考驗作者的天分與學力。棄生稱陸游以後的詩人，論「力之深」莫如明代詩人李夢陽（字獻吉，號空同子，慶陽

〔註16〕《寄鶴齋詩話》，頁30、33、6。
〔註17〕劉勰著，王更生注譯，《文心雕龍》下篇，頁50。
〔註18〕袁枚原著，張健選，《隨園詩話精選》（台北：文史哲出版社，1986年4月一版），頁90。

（今屬甘肅）人，1472～1529 年）。推崇其七古「吸老杜神髓，極工起勢。」如〈胡馬來再贈陳子〉等詩起首。〔註19〕也因其〈林良畫兩角鷹歌〉「獨出機軸，別開生面，以相如賦筆，運陸宣公奏疏，理足氣足，典重高華，直覺前無古人，後無來者，又豈杜公所能限之哉。」〔註20〕夢陽以詩為奏疏，本自杜甫〈塞蘆子〉五古一詩，杜甫分析寧武北方五城形勢之要，亦宛如一篇奏疏。棄生論作詩當取「力」於韓愈、李夢陽，都著眼二人詩風有典重高華，原本經、史，取法雅、頌，內容關係家國大事，宛如奏疏等，於詩如變體，於時世卻不失人臣大體者，可謂變格求新。

　　學者張高評強調宋詩「新變代雄」的破體變體之美，引用朱自清〈論以文為詩〉的論點而闡述：

> 朱自清論詩，以為唐詩為選體之「變」，而宋詩又建立「新」傳統，且發展「沉著痛快」之散文風格者，多因新變而成家，如蘇軾、劉克莊詩是；若拘守吟詠情性、溫柔敦厚、「風詩正宗」者，如張戒、嚴羽，皆不成家數。嚴羽雖不認同「沉著痛快」之「以文為詩」風格，然《滄浪詩話·詩辨》又不得不與「優遊不迫」並列為作詩的兩大界限。〔註21〕

王原祁與王士禎論詩文與畫理相通，王原祁謂「始貴深入，既貴透出，又須沉著痛快。」又論倪元璐、董其昌書畫雖以「閑遠為工」，但「閑遠中沈著痛快」，乃董源、巨然嫡派，如禪家之有南宗。〔註22〕此「優遊不迫」中有「沉著痛快」，一如宋代蘇軾「以文為詩」者，吟詠情性，卻又能沉著痛快，如張高評前文所說：「打破格律拘忌，易形成奔騰揮灑之美，與頓挫闊達之勢，可免直致易盡之病。」余光中推崇宋詩求知的精神，舉蘇軾〈遷居臨皋亭〉前四句：「我生天地間，一蟻寄大磨。區區欲右行，不救風輪左。」議論何等透徹，比喻何等生動，又非有才識與胸襟者不能為。〔註23〕

　　棄生詩「優遊不迫」中有「沉著痛快」；感性與知性兼具。知性的培養來自學歷、才識與胸襟，從對中國興水利、治理河川的見解，可見憂患之深，與研究事理入微。《尚書·禹貢》九州中的豫州有「導菏澤，被孟豬。」孟

〔註19〕 《寄鶴齋詩話》，頁 87。
〔註20〕 《寄鶴齋詩話》，頁 42。
〔註21〕 張高評著，《宋詩之新變與代雄》（台北：洪業文化，1995），頁 178。
〔註22〕 王士禎著，《帶經堂詩話》（北京：人民文學出版社，1998），頁 86。
〔註23〕 余光中著，〈三登鸛雀樓〉，《分水嶺上》（台北：九歌出版社，2009），頁 87。

豬，據孔穎達疏，地在梁國睢陽縣東北。棄生〈過歸德府停視商邱縣城池〉
云：

> 梁王所封國，趙宋爲南京。高辛關伯墟，其地應商星。繁華今未歇，
> 何乃遜汴城。梁園三百里，故蹟盡蕪平。禹時孟諸藪，殷時毫邑盟。
> 小蒙與大蒙，漆園隱莊生。古邱尚可考，相土有遺榮。我欲叫昆吾，
> 出出秋鳥鳴〔註24〕。

關於商邱縣的古今勝跡沿革，棄生云：

> 梁苑之大，方三百里，即在今商邱東，雖其地已改，而故蹟尚傳，
> 兔園、平臺、清冷池、文雅臺、蓼隄，其大者也，亦有吹臺。七
> 國之反，梁王之守，即在睢陽，吳王濞攻破梁棘壁，即春秋之大
> 棘，在商邱西北寧陵縣界，本傳稱梁王廣築睢陽城大七十里，《北
> 征記》謂城周三十七里，《太康地道記》謂方十三里，今所見遠不
> 逮所聞，蓋自隋廢梁郡，城即有改，宋太祖起歸德軍節度，郡城
> 雖爲南京，雖什爲應天府，然明曾改爲歸德州，則自入以後，至
> 於元明，縮小多矣。歸德東北有《禹貢》孟諸澤，爲《爾雅》十
> 藪之一，西北漢蒙縣地，有毫城，故湯都，湯所盟地，《帝王世紀》
> 謂之北毫，亦曰景毫，後漢又分爲薄縣，《春秋傳》哀十四年，桓
> 魋請以鞍易薄，是也。東南爲後漢穀熟縣，有毫城，亦湯都，《帝
> 王世紀》謂之南毫，與偃師西毫，所謂商有三毫也，偃師有景山，
> 實景毫矣；穀熟有新城，《春秋》文十四年，諸侯會新城，是也，
> 是皆商邱縣界也，商邱南小蒙城（大蒙城在北）爲莊周邑，故者
> 稱蒙莊，古有漆園，故莊周爲其吏。商邱在宋地，自《左傳》以
> 及《前後漢書》無異詞，酈道元注瓠子河，引襄九年宋大火之傳，
> 設關伯居商邱，相土因之，而以商邱屬濮陽，謂顓頊自窮桑徙此，
> 號曰商邱，本陶唐火正之居，夏伯昆吾之都，不知相土乃商之先
> 人，濮陽屬兗州，乃衛國，非宋國，顓頊之墟，乃帝邱，非商邱
> 也，其失遠矣，余特正之於此。〔註25〕

所謂「夏伯昆吾之都」，典故出自《國語·鄭語》「夏禹能單平水土，以品處
庶類也。」又云：「佐制物於前代者，昆吾爲夏伯矣。」昆吾爲祝融之後，名

〔註24〕作者註：「午下。」
〔註25〕《八州遊記》，頁 173～174。

－347－

樊，己姓，封於昆吾。〔註 26〕此外，商湯居亳，地在河南商邱，如學者錢穆所言，殷人遷居河北，暱就黃河，只爲了取河之利。

錢穆考察中國歷代治理黃河的成效，推崇漢代賈讓「多穿溝渠，使民得以溉田，分殺水怒，雖非聖人法，然亦救敗術」爲治河之中術。而以明代徐貞明《潞水客談》主張「水害未除，正由水利未興。」應從上流河、支流河川先治理，易收成效。〔註 27〕而棄生所見與錢穆相同，且見之在前，其〈禹貢水道解第三〉、〈禹貢水道解第四〉、〈禹貢水道解第五〉、〈水道解後擬議附第六〉、〈水道解後瑣附第七〉、〈水道解後區言附第八〉皆言此，因此〈過歸德府停視商邱縣城池〉一詩於懷古中，實有效法古人興水利、治理河川的言外深意。夏伯昆吾之都，昆吾又見《呂氏春秋‧君守》：「奚仲作車，倉頡作書，后稷作稼，皋陶作刑，昆吾作陶，夏鯀作城，此六人者，所作當矣。」歌詠夏文化，又思及禹治水之功，莫怪乎其早年所作〈禹貢水道解第三〉一文，既已慨歎「無有濬禹孟豬者」。〔註 28〕

至於梁苑舊跡，典故出自《漢書》，梁孝王劉武爲漢文帝子，其母爲竇太后，兄景帝。漢景帝未立太子前，曾有以梁王繼統嗣位之言，可見梁王受寵。史載：

> 梁最親，有功，又爲大國，居天下膏腴地，北界泰山，西至高陽，
> 四十餘城，多大縣。孝王，太后少子，愛之，賞賜不可勝道。於是
> 孝王築東苑，方三百餘里，廣睢陽城七十里，大治宮室，爲複道，
> 自宮連屬於平臺三十餘里。得賜天子旌旗，從千乘萬騎，出稱警，
> 入言蹕，儗於天子。〔註 29〕

棄生〈碭山望梁孝王冢〉云：「警蹕同天子，旌旗出大梁。碭山高壟在，更比兔園荒〔註 30〕。」勢焰薰天如此，就能免於人事無常？終歸荒落淒涼而已。西漢梁國地域北至泰山，西至陳留。領縣八：碭、杼秋、蒙、已氏、虞，下邑、睢陽、甾。棄生乘火車過梁苑舊跡，碭山、睢水，望而不見，棄生引用《史記‧高祖本紀》云：「漢高隱芒碭之間，常有雲氣繚繞，呂后每跡而得之，

〔註 26〕易中天注譯，《新譯國語讀本》（台北：三民書局，2006），頁 412～416。
〔註 27〕錢穆著，《古史地理叢論》（臺北：東大圖書公司，2013 年），頁 242～251。
〔註 28〕《寄鶴齋古文集》，頁 68。
〔註 29〕班固著，《漢書》（台北：鼎文書局，1997 年 10 月 9 版），卷 28 下，卷 47，頁 1636、2208。
〔註 30〕作者註：「丙寅（1926）九月初三午。」

即其地也。」棄生云：

> 碭山二漢為縣屬梁國，秦為碭郡，疆域廣闊，西有商邱之地，東北
> 至於兗州，故梁孝王為國，北至泰山，西至高陽，蓋奄有今三府地，
> 漢高嘗以沛公為碭郡長，今碭山迤東淤黃河之北，有豐縣、沛縣，
> 即其豐沛之故里也。沛有泗水亭，即其為亭長處，亭有高祖碑，班
> 固為文，有宴父老之沛宮，及歌風臺，有張良留城，其蹟在今沛縣
> 東，留城今開運河，豐縣為漢高生邑，西有大澤，為其斬蛇處；東
> 北十五里有其微時枌榆社，西北有漢祖廟，亦謂其為亭長處。碭山
> 縣東北有麻城，北魏明帝置安陽縣城，今為麻城集，即《春秋傳》
> 昭四年，吳伐楚入棘櫟麻之麻邑也；碭山出文石，上有梁孝王冢，
> 長一里。碭山北又名安山，有陳涉墓，漢高憐其首事亡秦，卒死於
> 其御莊賈，為置守冢三十家於碭，諡曰隱王，血食至後世。

考證名勝沿革，可見平日研讀典籍，留心輿地之學，旅行過碭山時，引證碭
山上有梁孝王冢，長一里。〔註31〕〈過碭山縣懷古〉云：

> 遠道出碭山，白雲渺濛濛。下有龍虎氣，上有五采虹。隱隱芒碭間，
> 常有雲氣從。斬蛇握長劍，真人起沛中。亭長而郡長，故里有沛宮。
> 自從高祖後，常覺大澤空。高臺臨泗水，誰復歌大風。遊子跡雲處，
> 遠至枌榆豐。

詩以漢高祖帝王傳說，暗用劉邦成帝業歸故鄉，歌大風的偉大事跡。末悲遊
子思鄉，無盡哀愁，雖貴至帝王，今古遊子，情懷何嘗有異？「遠至枌榆空」、
「常覺大澤空」，旅人向著地平線逶迤的風景遠望，頓覺身後身前，繁華轉眼
成空。「天地者萬物之逆旅，光陰者百代之過客。」李白說得好。若說無所逃
於天地間的孤獨，你我誰不是旅人，終歸向遠方空漠的天涯。棄生《八州詩
草》的詩作，以「懷古為意，山水為色。」在意境上的創新，某種程度言，
也是變格以求新。又不限於詠古而已，往往有針砭時世的現實意涵，〈過歸德
府寧陵縣界〉云：

> 途過葛伯國，地與湯亳鄰。葛東多曠土，何憚殖商民〔註32〕。

身受日人殖民台灣的痛苦，冀望中國自立自強，積極開發墾殖，經商致富，
以古為鑑，開創新猷，他的旅遊詩歌的成就不但見於意境新變，更是寄託遙

〔註31〕《八州遊記》，頁 174～175。
〔註32〕作者註：「午。」

深，值得後人諷誦學習。

　　棄生的旅遊詩歌在古典的文本詮釋上賦予新義，如何發現文本生命和審美的特質，如第二章第四節的引用，薩伊德在討論富有生命力的審美和文化整體的文本，強調把文本：

> 視為一個語詞的動態場（field），而不是靜態塊（bolck），這種場具有某種範圍的指涉，具有半潛在半眞實的觸鬚的（我前此稱為隸屬性的）一種體系：對於作者、對於讀者、對於某一歷史境域，對於其他文本，對於過去和現在的體系。從一種意義上說，任何文本都沒有完成，因為它的潛在範圍，總是被所有後來讀者所擴展。

因此，批評家的任務，首先是理解在過去和現在，文本怎樣被創造出來的。批評家是專業的讀者，他在文本從起始到整體的擴展過程中，都摹仿或者重複了文本。

　　棄生是專業的讀者、優秀的作家，就其「變格」說，了解其創作觀。他論文作詩以清代桐城派「義法」為宗，從文學體製的「辨體」、「尊體」進而「變格求新」。視前賢為典範，有模仿進而超越的野心，又能選取與自己性情相近的作家，仰鑽學習，取法乎上，因而有所成就。

　　棄生論性情重眞，偏愛一往情深，情韻纏綿之詩作。旅遊詩歌多半因抒情婉摯而能「化俗為雅」。特色包括化靜為動，切近賦物等技巧。其審美、風格、意境皆有過人之處。端賴旅遊八州之前已有深厚的學養，旅遊時詩作高渾淡遠，心境氣靜神逸，靜觀山水，采風問俗，轉化為冷靜觀照的文思。將中國典籍中富有生命力的審美和文化整體的文本，以其豐富深入的史地研究，高超的文筆，創作詩歌佳什。詩雖有衝冠變徵之悲憤，卻不流於劍拔弩張之囂塵態，端賴創作時能佇興而就、翻空出奇；詩作來自直覺的把握，以知性感通，使人置身物之中，與其獨特性相貼合，加以深化再創造，意境新變，寄託遙深，《八州詩草》的旅遊詩歌為其晚年成熟扛鼎之作，絕非虛譽。

參考文獻

一、洪棄生著作及研究洪棄生相關著作

1. 洪棄生著,《寄鶴齋詩話》(南投:台灣省文獻委員會,1993 年)
2. 洪棄生著,《寄鶴齋詩集》(南投:台灣省文獻委員會,1993 年)
3. 洪棄生著,《寄鶴齋駢文集》(南投:台灣省文獻委員會,1993 年)
4. 洪棄生著,《寄鶴齋古文集》(南投:台灣省文獻委員會,1993 年)
5. 洪棄生著,《八州詩草》(南投:台灣省文獻委員會,1993 年)
6. 洪棄生著,《八州遊記》(南投:台灣省文獻委員會,1993 年)
7. 洪棄生著,《時勢三字編》(南投:台灣省文獻委員會,1993 年)
8. 洪棄生著,《洪棄生先生遺書》第七冊(台北:成文出版社,1960 年)
9. 程師玉凰著,《洪棄生的旅遊文學——《八州遊記》研究》(台北:文津出版社,2011 年)。
10. 程師玉凰著,《洪棄生及其作品考述》(臺北縣:國史館,1997 年)。
11. 陳光瑩著,《臺灣古典詩家洪棄生》(台中:晨星出版社,2009 年 2 月)。

二、書籍

(一)詩(詞)話、詩箋、詩集、文集、年譜

1. 干寶著,黃鈞注譯,《新譯搜神記》(台北:三民書局,1996 年 1 月)。
2. 王國維著,《海寧王靜安先生遺書》(四)(台北:商務印書館,1979 年)。
3. 王熙元、郭預衡主纂,《譯註評析古文觀止續編》(台北:百川出版社,1994 年 3 月 20 日初版)。
4. 王維著,趙殿成箋注,《王摩詰全集箋注》(台北:世界書局,1996 年 6 月初版六刷)。

5. 王士禛選，聞人倓箋，《古詩箋》（上海：上海古籍出版社，2010 年 2 月）。

6. 王士禛著，李毓芙等整理，《漁洋精華錄集釋》（上海市：上海古籍出版社，1999 年）。

7. 王士禛著，《帶經堂詩話》（北京：人民文學出版社，1998 年）。

8. 王士禛著，《池北偶談》（台北市，漢京文化出版社，1984 年）。

9. 王維撰，趙殿成箋注《王摩詰全集箋注》（台北市：世界書局，1962 年）。

10. 王英志注釋，《清詩三百首》（台北：三民書局，2010 年）。

11. 王國維著，《人間詞話》（台北：金楓出版社，1999 年）。

12. 方苞著，《欽定四書文》《文淵閣四庫全書·集部·總集類》（台北：商務印書館，1983 年）。

13. 方苞著，《望溪集》《文淵閣四庫全書·集郡·別集類》（台北：商務印書館，1983 年）。

14. 方苞著，《望溪先生文集》《續修四庫全書·集郡·別集類》第 1420 冊（上海：上海古籍出版社，2002 年）。

15. 白居易著，陶敏、魯茜注譯，《新譯白居易詩文選》（台北：三民書局，2009 年）。

16. 白居易著，《白居易集》（台北：漢京文化，1984 年 3 月 20 日初版）。

17. 江竹虛撰，《曹植年譜》（台北：臺灣商務印書館，2013 年）。

18. 阮籍原著，林家驪注譯，《新譯阮籍詩文集》（台北：三民書局，2001 年）。

19. 余光中著，《英美現代詩選》（台北：水牛圖書公司，1992 年）。

20. 李白著，郁賢皓注譯，《新譯李白詩全集》（台北：三民書局，2011 年）。

21. 李白著，瞿蛻園等校注，《李白集校注》（台北：里仁出版社，1981 年 3 月 24 日版）。

22. 李白著，王琦注，《李太白集注》《文淵閣四庫全書·集郡·別集類》（台北：商務印書館，1983 年）。

23. 李商隱著，朱恆夫、姚蓉、李翰、許軍注譯，《新譯李商隱詩選》（台北：三民書局，2011 年）。

24. 李一冰著，《蘇東坡新傳》（台北：聯經出版公司，1996 年）。

25. 杜甫著，錢謙益箋注，《錢注杜詩》（上海：上海古籍出版社，2009 年 10 月）。

26. 杜甫著，仇兆鰲注，《杜詩詳註》（北京，中華書局，1989 年 12 月第三刷）。

27. 杜甫著，楊倫箋注，《杜詩鏡銓》（台北：華正書局，1986 年 8 月版）。

28. 杜牧著，張松輝注譯，《新譯杜牧詩文集》（台北：三民書局，2002 年）。

29. 杜牧著,《樊川文集》(台北:漢京文化,1983 年 11 月 15 日初版)。

30. 宋琬著,馬祖熙標校,《安雅堂全集》(上海:上海古籍出版社,2007 年)。

31. 岑學呂編,《虛雲和尚年譜》(台北:天華出版公司,1980 年 11 月四版)。

32. 陳與義著,《陳與義集》(北京:中華書局,2007 年)。

33. 陳寶琛著,《滄趣樓詩文集》(上海:上海古籍出版社,2006 年)。

34. 吳文治編,《韓愈資料彙編》(北京市,中華書局,2004 年)。

35. 吳文志編,《宋詩話全編》(江蘇:江蘇古籍出版社,1998 年)。

36. 吳文志編,《明詩話全編》(南京:江蘇古籍出版社,1997 年)。

37. 吳偉業著,李學穎集評標校,《吳梅村全集》(上海:上海古籍出版社,1990 年 12 月)。

38. 汪中註譯,《新譯宋詞三百首》(台北:三民書局,1983 年)。

39. 沈德潛等人編《宋詩別裁集‧元詩別裁集‧明詩別裁集》(長沙市:岳麓書社,1998 年)。

40. 沈括著,《夢溪筆談》(上海:上海古籍出版社,1987 年 9 月第一刷)。

41. 洪邁著,《容齋隨筆》(北京:中華書局,2005 年)。

42. 范成大著,《范石湖集》(上海:上海古籍出版社,2006 年)。

43. 姚鼐編,黃鈞等人注譯,《新譯古文辭類纂》(台北:三民書局,2006 年)。

44. 姚鼐著,《惜抱軒詩文集》(上海市:上海古籍出版社,1992 年)。

45. 韋應物著,孫望編著,《韋應物詩集編年校箋》(北京:中華書局,2002 年)。

46. 胡適著,李敖編,《胡適選集(三)》(台北縣:李敖出版社,2002 年)。

47. 柯慶明著,《中國文學的美感》(台北市:麥田出版公司,2000 年)

48. 柳宗元著,《柳宗元集》(台北:華正書局,1990 年 3 月初版)。

49. 袁文著,《甕牖閒評》(北京:中華書局,2007 年 10 月)。

50. 袁枚著,王英志主編,《袁枚全集》(江蘇:江蘇古籍出版社,1993 年)。

51. 袁枚原著,張健精選,《隨園詩話精選》(台北:文史哲出版社,1986 年 4 月一版)。

52. 袁枚著,《隨園詩話》(台北:漢京文化公司,1984 年)。

53. 連橫編撰,《臺灣詩薈》(台北:成文出版社,1977 年)。

54. 連橫著,《雅堂文集》(台北:臺灣銀行,1964 年)。

55. 徐世昌著,《晚晴簃詩匯》(北京市:中華書局,1990 年)。

56. 唐圭璋編,《詞話叢編》(台北市:新文豐出版社,1988 年)。

57. 陸羽著,沈冬梅校注,《茶經校注》(台北:宇河文化,2009 年)。

58. 陸羽著，吳智和撰述，《茶經》（台北：金楓出版公司，1987 年）。

59. 陸游著，錢仲聯校注，《劍南詩稿校注》（上海：上海古籍出版社，1985 年 9 月）。

60. 郭紹虞著，《元好問論詩三十首小箋》（北京市：人民文學出版社，1998 年）。

61. 郭茂倩編，《樂府詩集》（台北：里仁書局，1981 年 3 月 24 日）。

62. 莫里斯・布朗肖（Maurice Blanchot）著，顧嘉琛譯，《文學空間》（北京：商務印書館，2003 年 11 月）

63. 陳恭尹著，《獨漉堂集》（廣東：中山大學出版社，1988 年 8 月）。

64. 梁啓超著，《飲冰室詩話》（北京市：人民文學出版社，1998 年）。

65. 梅曾亮著，《柏梘山房詩文集》（上海市：上海古籍出版社，2005 年）。

66. 康原、蕭翠蘭主編，《風雨中的陽光》（台中：晨星出版社，2009 年）。

67. 清聖祖御製，《全唐詩》（台北：明倫出版社，1971 年 5 月初版）。

68. 陶潛著，龔斌校箋，《陶淵明集校箋》（上海：上海古籍出版社，2004 年）。

69. 陶潛著，逯欽立校注，《陶淵明集》（台北：里仁書局，1985 年）。

70. 商盤著，《質園詩集》（四庫全書存目叢書補編，濟南，齊魯書社，2001 年）。

71. 湖北省社會科學院歷史研究所編，《湖北簡史》（湖北：湖北教育出版社出版，1994 年 2 月第一刷）。

72. 傅錫壬著，《新譯楚辭讀本》（台北：三民書局，2007 年）。

73. 彭兆蓀著，《小謨山館文集》（《續修四庫全書・集部・別集類》第 1492 冊。上海：上海古籍出版社，2002 年）。

74. 曾國藩著，湯孝純注譯，《新譯曾文正公家書》（台北：三民書局，2001 年）。

75. 黃美娥編，《魏清德全集・叁・文卷》（台南市：台灣文學館，2013 年 12 月初版）。

76. 黃文煥輯，《歷代詩話》（台北：漢京文化出版社，1983 年）。

77. 黃庭堅撰，任淵、史容、史季溫注，《黃庭堅詩集注》（北京：中華書局，2003 年 5 月）。

78. 黃庭堅著，《山谷集》《景印文淵閣四庫全書・集部・別集類》（台北：商務印書館，1983 年）

79. 黃庭堅著，《豫章黃先生文集》（《四部叢刊正編》本。台北：商務印書館，1979 年）。

80. 黃節著，《謝康樂詩註》（台北：藝文印書館，1987 年）。

81. 楊家駱編,《宋人題跋》(台北市:世界書局,1992 年)。

82. 楊慎著,王仲鏞箋證,《升庵詩話箋證》(上海:上海古籍出版社,1987年)。

83. 楊基著,《眉庵集》(景印文淵閣四庫全書・集部・別集類)(台北:商務印書館,1983 年)

84. 葛洪著,王明校釋,《抱朴子內篇校釋》(北京市:中華書局,1996 年)。

85. 趙孟頫著,任道斌輯集點校,《趙孟頫文集》(上海:上海圖畫出版社,2010 年 12 月)。

86. 趙翼著,李學穎、曹光甫校點,《甌北集》(上海:上海古籍出版社,1997年)。

87. 歐陽修著,《歸田錄》(北京:中華書局,1997 年印刷)。

88. 歐陽修著,《文忠集》,(四庫全書・集部・別集類,臺北:商務印書館,1983 年 10 月初版)。

89. 劉義慶編撰,劉正浩等注釋,《新譯世說新語》(台北:三民書局,2012年)。

90. 劉義慶著,劉正浩注譯,《新譯世說新語》(台北:三民書局,1996 年)。

91. 劉克莊著,《後村集》(文淵閣四庫全書集部・別集類,台北:商務印書館,1983 年)。

92. 鄭吉雄註釋,《古今文選》(台北:國語日報社,1990 年 12 月第一版),新第 677 期。

93. 錢謙益著,《錢牧齋全集》(伍)(上海:上海古籍出版社,2003 年)。

94. 駱賓王著,《駱丞集》《文淵閣四庫全書・集部・別集類》(台北:商務印書館,1983 年)。

95. 賴和著,《賴和全集・新詩散文卷》(台北:前衛出版社,2000 年)。

96. 戴復古著,《石屏詩集》《景印文淵閣四庫全書》第 1165 冊(台北市:商務印書館,1983 年)。

97. 藍鼎元著,《東征集》(南投:台灣省文獻委員會,1997 年)。

98. 韓愈著,馬通伯校注,《韓昌黎文集校注》(台北:華正書局,1986 年)

99. 韓愈著,錢仲聯編,《韓昌黎詩繫年集譯》(台北市:學海書局,1985 年)。

100. 謝靈運著,顧紹柏校注,《謝靈運集校注》(臺北市:里仁書局,2004 年)。

101. 謝冰瑩等著,《新譯古文觀止(革新版)》(台北:三民書局,1997 年)。

102. 謝冰瑩等著,《新譯古文觀止》(台北:三民書局,1988 年)。

103. 謝榛著,《謝榛全集》(山東:齊魯書社,2000 年)。

104. 謝榛著,《四溟詩話》(北京市:人民文學出版社,1998 年)。

105. 鮑照撰，黃節注，《鮑參軍詩註》（台北：華正書局，1975 年）。

106. 蕭統編，《增補六臣註文選》（台北：漢京文化，1983 年）。

107. 蕭統編，《文選》（台北：藝文出版社，1983 年）。

108. 蘇轍著，朱剛注譯，《新譯蘇轍文選》（台北：三民書局，2008 年）。

109. 蘇軾著，《宋蘇軾行書答謝民師帖卷》（上海：上海書畫出版社，2003 年 7 月）。

110. 蘇軾著，紀昀評點，《紀昀評點東坡編年詩》（北京：北京圖書館出版社，2001 年）

111. 蘇軾著，曾棗莊彙評，《蘇詩彙評》（成都：四川文藝出版社，2000 年）。

112. 蘇軾著，《蘇東坡全集》（台北：世界書局，1996 年 2 月初版 7 刷）。

113. 蘇軾著，王文誥輯校，《蘇軾詩集》（北京市：中華書局，1996 年）。

114. 蘇軾著，龍榆生校箋，《東坡樂府箋》（台北：華正書局，1990 年）。

115. 蘇軾著，清王文誥、馮應榴輯注，《蘇軾詩集》（台北：學海出版社，1985 年 9 月再版）。

116. 蘇軾著，王十朋集註，《東坡詩集註》《景印文淵閣四庫全書·集部·別集類》（台北市：商務印書館，1983 年）。

117. 蘇軾著，《東坡全集》《景印文淵閣四庫全書·集部·別集類》（台北市：商務印書館，1983 年）。

118. 寶廷著，聶世美校點，《偶齋詩草》（上海市：上海古籍出版社，2005）。

119. 嚴羽著，《滄浪詩話》（台北市：金楓出版社，1986）。

120. 瞿佑著，《歸田詩話》（收於《百部叢書》中。台北：藝文印書館，1966 年出版）。

121. 羅伯特·佛洛斯特（Robert Frost）著，曹明倫譯，《佛洛斯特詩選》（台北：愛詩社出版公司，2006 年）。

（二）地理、遊記

1. 三島由紀夫著，唐月梅譯，《藝術斷想》（石家庄：河北教育出版社，2002 年 5 月）。

2. 于醒民、唐繼無著，《近代化的早產兒——上海》（台北：久大出版社，1991 年 6 月初版）。

3. 牛汝辰編，《中國地名由來詞典》（北京：中央民族大學出版社，1999 年 6 月第 1 刷）。

4. 王育民著，《中國歷史地理概論》（北京：人民教育出版社，1990 年 6 月第一刷）。

5. 王洸著，《中國海港誌》（台北：中華文化出版事業委員會，1954 年 6 月再版）。

6. 天津圖書館編，《水道尋往：天津圖書館藏清代輿圖選》（北京：中國人民大學出版社，2007）。

7. 尹章義著，《臺灣開發史研究》（台北市：聯經出版社，1989 年）。

8. 中村孝志著，卞鳳奎譯，《中村孝志教授論文集：日本南進政策與臺灣》（台北縣：稻鄉出版社，2002 年）。

9. 中國地圖出版社編，《新世紀中國地圖冊》（北京：中國地圖出版社，2001 年 1 月第 1 版）。

10. 方東樹《昭昧詹言》（台北市，漢京文化出版社，1985 年）

11. 方回著，《瀛奎律髓》（《景印文淵閣四庫全書》第 1366 冊。台北：商務印書館，1983 年 10 月初版）。

12. 未列作者，《尚書》（重刊宋版十三經注疏本，台北：藝文印書館，1989 年）。

13. 白居易著，陶敏、魯茜注譯，《新譯白居易詩文選》（台北：三民書局，2009 年）。

14. 白居易著，《白居易集》（台北：漢京文化，1984）。

15. 司空圖著，陳國球導讀，《二十四詩品》（台北：金楓出版公司，1987 年 6 月）。

16. 史彌堅修、盧憲纂，《嘉定鎮江志》（《宋元方志叢刊》第三冊。北京，中華書局，1990 年 5 月第一刷）。

17. 朱長文纂修，《吳郡圖經續記》（《宋元方志叢刊（一）》。北京：中華書局，1990 年 5 月第 1 版）。

18. 伊能嘉矩著，楊南郡譯註，《台灣踏查日記》（台北：遠流出版公司，1996 年）。

19. 吳宗慈著，《盧山志》（沈雲龍主編《中國名山勝蹟志》第三輯。台北：文海出版社，1983 年 9 月初版）。

20. 何一民主編，《近代中國衰落城市研究》（成都：巴蜀書店，2007 年）。

21. 馬光祖修、周應合纂，《景定建康志》（北京，中華書局，1990 年 5 月第 1 刷）。

22. 脫因修、俞希魯纂，《至順鎮江志》（《宋元方志叢刊》第三冊。北京：中華書局，1990 年 5 月第一刷）。

23. 沈約撰，《宋書》（台北：鼎文書局，1975 年 6 月初版）。

24. 周村著，《江蘇風物志》（台北：明文出版社，1988 年 8 月 31 日初版）。

25. 周鍾瑄、陳夢林編，《諸羅縣志》（台北：成文出版社，1983 年）。

26. 奈波爾著，孟祥森譯，《在自由的國度》（台北：天下遠見出版公司，2002 年）。

27. 芥川龍之介著，陳生保、張青平譯，《中國遊記》（北京：北京十月文藝出版社，2005 年）。

28. 宗白華著，《美從何處尋》（板橋：駱駝出版社，1987 年 8 月）。

29. 宗懍原著，王毓榮著，《荊楚歲時記校注》（台北：文津出版社，1988 年）。

30. 和珅等奉敕撰，《欽定大清一統志》（《景印文淵閣四庫全書》第 475 冊～第 477 冊〈史部·地理類〉。台北：商務印書館，1983 年 10 月初版）。

31. 孟樊著，《旅行文學讀本》（臺北：揚智文化出版社，2004 年）。

32. 范成大纂修，《吳郡志》（《宋元方志叢刊（一）》。北京：中華書局，1990 年 5 月第 1 版）。

33. 范曄著，《後漢書》（台北：鼎文書局，1977 年 9 月初版）。

34. 施宿撰，《會稽志》《景印文淵閣四庫全書·史部·地理類》第 486 冊（台北：商務，1983 年 10 月初版）。

35. 徐宏祖著，《徐霞客遊記》（上海：上海古籍出版社，1987 年 10 月第一刷）。

36. 徐宏祖著，朱惠榮校注，《徐霞客遊記校注》（昆明市：雲南人民出版社，1985 年 6 月第一版）。

37. 鹿野忠雄著，楊南郡譯註，《山、雲與番人——台灣高山紀行》（台北：玉山社出版公司，2000 年）。

38. 張勝彥纂修，《南投開拓史》（南投縣：南投縣政府，1984 年）。

39. 張永楨纂修，《集集鎮志》（集集鎮：集集鎮志編纂委員會，1998 年）。

40. 張武冰主編，《新世紀中國地圖冊》（北京：中國地圖出版社，2001 年 1 月第 1 刷）。

41. 張玉法著，《中華民國史稿》（台北：聯經出版社，1998 年初版）。

42. 張爵、朱一新著，《京師五城坊巷衚衕集·京師坊巷志稿》（北京：北京古籍出版社，2000 年）。

43. 楊衒之著，楊勇校箋，《洛陽伽藍記校箋》（北京：中華書局，2010 年版）。

44. 楊衒之著，劉九洲注譯，《新譯洛陽伽藍記》（台北：三民書局，1994 年 3 月版）。

45. 楊守敬、熊會貞疏，《水經注疏》（江蘇：江蘇古籍出版，1999 年 8 月第二刷）。

46. 樂史撰，《宋本太平寰宇記》（北京：中華書局，2000 年 1 月江蘇第一刷）。

47. 樂史撰，《太平寰宇記》（《景印文淵閣四庫全書》第 469 冊〈史部·地理類〉。台北：商務印書館，1983 年 10 月初版）。

48. 樂史撰，《太平寰宇記》（《景印文淵閣四庫全書》第 470 冊〈史部·地理類〉。台北：商務印書館，1984 年 10 月初版）。

49. 盧見曾撰，《金山志》（沈雲龍編《中國名山勝蹟志叢刊》。台北：文海出版社，1983 年 9 月出版）。

50. 錢穆著，《古史地理叢論》（臺北：東大圖書公司，2013 年）。

51. 蕭東發等撰稿，《北京之最》（台北：冊府出版社，1996 年初版）。

52. 顧祖禹著，《讀史方輿紀要》（台北：洪氏出版社，1981 年 1 月 25 日再版）。

53. 董壽琪著，《虎丘》（蘇州：古吳軒出版社，2000 年 10 月第三次印刷）。

（三）文化、美學

1. 王宏印著譯，《《畫語錄》注譯與石濤畫論研究》（北京：北京圖書館出版社，2007 年 10 月）。

2. 王進祥編，《中國美學史資料選編》下卷（台北：漢京文化出版社，1983 年 4 月 5 日初版）。

3. 王明蓀編撰，《大城小調──東京夢華錄》（台北：時報文化，1981 年元月 1 日典藏版初版）。

4. 石守謙著，《移動的桃花源：東亞世界中的山水畫》（台北市，允晨文化出版社，2012 年 2 月）。

5. 石守謙、廖肇亨主編，《東亞文化形象之形塑》（台北：允晨文化，2011 年 3 月）。

6. 石琪主編，《吳文化與蘇州》（上海：同濟大學出版社，1992 年 3 月）。

7. 衣若芬著，《遊目騁懷：文學與美術的互文與再生》（台北市：里仁書局，2011 年 8 月）。

8. 衣若芬著，《觀看‧敘述‧審美──唐宋題畫文學論集》（台北市：中央研究院中國文哲研究所，2004 年）。

9. 朱光潛著，《談美》（台北：金楓出版社，1987 年 8 月）。

10. 朱光潛著，《文藝心理學》（台北：智揚出版社，1986 初版）。

11. 艾德華‧薩伊德著，薛絢譯，《世界‧文本‧批評者》（台北：立緒文化，2009 年）。

12. （艾）愛德華‧W.薩伊德著，李自修譯，《世界‧文本、批評家》（北京‧三聯書店，2009 年）。

13. 艾德華‧薩伊德著，單德興譯，《知識分子論》（台北：麥田出版社，2004 年）。

14. 李兆群著，《品讀水之韻──江南古鎮》（香港：萬里書店，2008 年 3 月）。

15. 李豐楙、劉苑如主編，《空間、地域與文化──中國文化空間的書寫與闡釋》（台北：中央研究院中國文哲研究所，2004 年 12 月二刷）。

16. 李豐楙著，《誤入與謫降：六朝隋唐道教文學論集》（台北：台灣學生書局，1996 年）。

17. 李豐楙著，《憂與遊：六朝隋唐遊仙詩論集》（台北：台灣學生書局，1996年）。

18. 李歐梵著，毛尖譯，《上海摩登：一種新都市文化在中國 1930～1945》（香港：牛津大學出版社，2000年）。

19. 姚一葦著，《審美三論》（臺北：台灣開明書局，1992年）。

20. 姚一葦著，《美的範疇論》（臺北：台灣開明書局，1982年12月二版）。

21. 姚一葦著，《藝術的奧秘》（臺北：台灣開明書局，1973年4月六版）。

22. 侯迺慧，《宋代園林及其生活文化》（台北市，三民書局，2010年）。

23. 泰瑞‧伊格頓（Terry Eagleton）著，李尚遠譯，《理論之後：文化的當下與未來》（台北：商周出版社，2005年）

24. 泰瑞‧伊格頓（Terry Eagleton）著，方佳俊譯，《生命的意義是爵士樂團》（台北：商周出版社，2009年）。

25. 泰瑞‧伊格頓（Terry Eagleton）著，吳新發譯，《文學理論導讀》（台北：書林出版社，1993年）。

26. 郭麗娟著，《寶島歌聲（之貳）》（台北：玉山出版公司，2005）。

27. 彭一剛著，王錦堂改編，《中國古典園林分析》（台中：東海大學建築研究中心，1989年）。

28. 黃光男著，《宋代繪畫美學析論》（高雄：國立高雄師範大學國文研究所博士論文，1993年6月）。

29. 黃復盛編譯，《清代畫論四篇語譯》（江蘇：江蘇美術出版社，1987年3月第一刷）。

30. 葛曉音編著，《中國名勝與歷史文化》（北京：北京大學，1990年第2次印刷）。

31. 錢鍾書著，《談藝錄》（台北：書林出版社，1999年2月二刷）。

32. 錢鍾書著，《談藝錄》（野狐出版社，出版地及年月不詳）。

33. 楊大年編著，《中國歷代畫論採英》（河南：河南人民出版社，1984年10月第一刷）。

34. 魏嘉瓚編著，《蘇州歷代園林錄》（台北：文史哲出版社，1994年12月初版）。

（四）文學史、史學、哲學

1. 王邦雄著，《莊子內七篇‧外秋水‧雜天下的現代解讀》（台北：遠流出版公司，2013年）。

2. 王仲犖著，《魏晉南北朝史》（台北：漢京文化出版社，1992年9月1日台版一刷）。

3. 王國維著，《宋元戲曲史》（台北：商務印書館，1986 年 2 月初版）。

4. 古鴻廷、黃書林、顏清苓合編，《臺灣歷史與文化（五）》（台北：稻鄉出版社，2000 年 11 月）。

5. 司馬遷著，瀧川龜太郎注，《史記會注考證》（台北：洪氏出版社，1986 年 9 月版）。

6. 司馬遷著，《史記》（台北：藝文印書館，1982 年）。

7. 台北縣鎮江旅台同鄉會編，《思我故鄉──鎮江》第二集（台北縣：鎮江旅台同鄉會，1986 年 10 月初版）。

8. 北京大學古文獻研究所編，《全宋詩》（北京：北京大學出版社，1998 年 12 月第一刷）。

9. 左丘明著，郁賢皓等注譯，《新譯左傳讀本》（台北：三民書局，2006 年）。

10. 左丘明著，楊伯峻注，《春秋左傳會注》（高雄：復文書局，1988 年 1 月初版）。

11. 左丘明著，杜預注，《春秋經傳集解》（台北：新興書局，1989 年 8 月版）

12. 左丘明著，《國語》（台北：九思出版社，1978 年）。

13. 全漢昇等人著，《中國近代現代史論集第九編。自強運動（四）工商業》（台北：商務印書館，1985 年 8 月初版）。

14. 呂思勉著，《先秦史》（台北：台灣開明書局，1975 年 1 月臺五版）。

15. 宋濂等撰，《元史》（台北：鼎文書局，1980 年 3 月初版）。

16. 里德（Leader, Darian）著，龔卓軍譯，《拉康》（台北：立緒文化公司，1988 年）。

17. 吳相湘著，《晚清宮廷實紀》（台北：正中書局，1993 年 12 月重排版第二次印行）。

18. 吳偉業撰，《綏寇紀略》（上海：上海古籍出版社，1992 年 7 月第一刷）。

19. 吳福助著，《史記解題》（台北：國家出版社，1986 年 6 月三版）。

20. 柴萼等著，《義和團文獻彙編第一冊》（台北：鼎文書局，1973 年 9 月初版）。

21. 余英時著，《論天人之際：中國古代思想起源試探》（台北：聯經出版社，2014 年 1 月）。

22. 余英時著，《史學與傳統》（台北：時報文化出版社，1985 年 1 月 15 日四版）。

23. 李嘉球著，《蘇州狀元》（上海：上海社會科學院出版，1993 年 10 月）。

24. 李乾朗著，《古蹟入門》（台北：遠流出版公司，1999 年）。

25. 李延壁、周璽編，《彰化縣誌》（台北市：成文出版社，1983 年）。

26. 李百藥撰，《北齊書》（台北：鼎文書局，1980 年 3 月 3 版）。

27. 李延壽撰，《南・北史》（北京：中華書局，1997 年）。

28. 李細珠著，《張之洞與清末新政研究》（上海：上海書店出版社，2003 年）。

29. 岑仲勉著，《黃河變遷史》（台北：里仁書局，1982 年 1 月 15 日版）。

30. 易中天注譯，《新譯國語讀本》（台北：三民書局，2006 年）。

31. 孟兆臣著，《中國近代小報史》（北京：社會科學文獻出版社，2005 年 10 月）。

32. 孟元老撰，鄧之誠注，《東京夢華錄》（台北：漢京出版社，1984 年 3 月 30 日版）。

33. 房玄齡等撰，《晉書》（台北：鼎文書局，1980 年 3 月初版）。

34. 房玄齡等撰，《晉書》（北京：中華書局，1997 年）。

35. 姚思廉撰，《梁書》（北京：中華書局，1997 年）。

36. 姚思廉撰，《陳書》（台北：鼎文書局，1980 年 3 月初版）。

37. 姚察、謝炅、魏徵、姚思廉撰，楊家駱主編，《新校本梁書》（台北：鼎文書局，1980 年）。

38. 胡適著，《白話文學史》（台南：東海出版社，1981 年）。

39. 倪贊元著，《雲林縣采訪冊》（台北市：成文出版社，1983 年）。

40. 凌鴻勛著，《中國鐵路史》（台北：商務印書館，1981 年 7 月初版）。

41. 班固著，《漢書》（台北：鼎文書局，1997 年 10 月 9 版）。

42. 倉修良主編，《中國史學名著評介》（台北：里仁書局，1994 年 4 月）。

43. 袁康著，劉建國注譯，《新譯越絕書》（台北：三民書局，1997 年 6 月初版）。

44. 脫脫等撰，《宋史》（台北：鼎文書局，1983 年 11 月三版）。

45. 脫脫等撰，《宋史》（台北：鼎文書局，1978 年 9 月初版）。

46. 郭廷以著，《近代中國史綱》（台北：曉園出版社，1994 年 5 月初版第一刷）。

47. 清史稿編纂委員會編，《清史稿校註》（台北：商務印書館，1999 年）。

48. 張麗俊著，《水竹居主人日記》（四）（台北市：中央研究院近代史研究所，2001 年）

49. 張庚著，《國朝畫徵錄》（上海：上海人民美術出版社，1962 年《畫史叢書》本）。

50. 陳壽撰，裴松之注，楊家駱主編，《新校本三國志注附索引》（台北：鼎文書局，1997 年）。

51. 國史館編，《清史稿校註》（台北：國史館，1991 年 6 月初版）。

52. 湯錦台著，《閩南海上帝國——閩南人與南海文明的興起》（台北：如果出版社，2013 年 3 月）。

53. 葉昌熾撰，柯昌泗評，《語石・語石異同評》（北京：中華書局，2005 年重印）。

54. 黃仁宇著，張皓、張升譯，《明代的漕運》（台北：聯經出版社，2013 年 2 月）。

55. 黃清連著，《黑金與黃金：基隆河上中游地區礦業的發展與聚落的變遷》（台北縣：台北縣立文化中心，1995 年 5 月初版）。

56. 黃彭年等撰，《畿輔通志》第一冊（台北：華文出版社，1968 年 12 月初版）。

57. 黃金河著，《哲布尊巴與外蒙古》（臺北：嘉新水泥公司文化基金會出版，1968 年 12 月初版）。

58. 葛洪著，王明校釋，《抱朴子内篇校釋》（北京市：中華書局，1996 年）。

59. B. Delfgaauw 著，傅佩榮譯，《西方哲學（1900～1950）》（台北：業強出版社，1989 年 6 月）。

60. 萬斯同著，《明史》（台北：鼎文書局，1975 年 6 月初版）。

61. 劉向編，易中天注譯，《新譯國語讀本》（台北：三民書局，1995 年 11 月）。

62. 劉向編，《國語》（台北：里仁書局，1980 年 1 月 15 日版）。

63. 劉向編，《戰國策》（台北：九思出版社，1976 年 10 月初版）。

64. 劉鳳翰等著，《中國現代史論集第 23 冊第 21 編・民初政治（三）》（台北：商務印書館，1986 年 6 月初版）

65. 楊伯峻著，《春秋左傳會注》（高雄：復文書局，1986 年 8 月初版）。

66. 劉昫等撰，《舊唐書》（台北：鼎文書局，1979 年 12 月初版）。

67. 錢穆著，《先秦諸子繫年》（臺北：台灣開明書局，1986 年 2 月台北初版）。

68. 錢仲聯主編，《清詩紀事》（南京：鳳凰出版社，2004 年 4 月）。

69. 韓養民著，《秦漢文化史》（台北：里仁書局，1986 年）。

70. 蕭子顯著，《南齋書》（台北：鼎文書局，1980 年）。

71. 龔鵬程著，《俠的精神文化史論》（濟南市：山東畫報出版社，2008 年 5 月）。

72. 龔鵬程著，《中國文人階層史論》（宜蘭：佛光人文社會學院，2002 年）。

73. 魏收撰，《魏書》（台北：鼎文書局，1975 年 9 月初版）。

74. 嚴可均輯，《全北齊文・全後周文》（北京市：商務印書館，1999 年）。

（五）文學作品

1. 大衛・范恩（David Vann）著，羅曉華譯，《記憶冰封的島嶼（Legend of A Suicide）》（台北：天培文化公司，2012 年 2 月）。

2. 伊莉莎白・碧許（Elizabeth Bishop）著，曾珍珍譯，《寫給雨季的歌——伊莉莎白・碧許詩選》（台北：木馬文化，2004 年）。

3. 佐藤春夫著，邱若山譯，《佐藤春夫：殖民地之旅》（台北：草根出版公司，2002 年）。

4. 村上春樹著，賴明珠譯，《邊境・近境》（台北市：時報文化出版社，1999 年）。

5. 谷崎潤一郎著，賴明珠譯，《春琴抄》（台北：聯合文學出版社，2004 年）。

6. 余光中著，《望鄉的牧神》（台北：九歌出版社，2008 年）。

7. 余光中著，《逍遙遊》（台北：時報文化出版社，1985 年 11 月 1 日初版二刷）。

（六）經書、宗教、倫理、心理、人類學

1. 朱熹著，黎德靖編，《朱子語類》（北京：中華書局，1996 年 6 月）。

2. 朱熹、趙順孫等注疏，《四書纂疏》（台北：學海出版社，1980 年 9 月初版）。

3. 克利弗德・紀爾茲著，楊德睿譯，《地方知識——詮釋人類學論文集》（台北市：麥田出版社，2007 年 3 月二版一刷）。

4. 威廉・詹姆斯（William James）著，蔡怡佳、劉宏信譯，《宗教經驗之種種》（台北：立緒文化，2001 年）。

5. 約翰・畢比（John Beebe）著，魯宓譯，《品德深度心理學》（臺北：心靈工坊文化事業公司，2010 年 4 月）。

6. 段義孚著，周尚意、張春梅譯，《逃避主義》（台北市，立緒文化，2006 年）。

7. M.耶律亞德著，楊儒賓譯《宇宙與歷史：永恆回歸的神話》（台北：聯經出版社，2000 年）。

8. 紀昀等撰，《四庫全書總目提要》（台北：商務印書館，1983 年 10 月初版）。

9. 高莉芬著，《蓬萊神話》（台北：里仁書局，2008 年）。

10. 格爾達・帕格爾著，李朝暉譯，《拉康》（北京：中國人民大學出版社，2008 年）。

11. 莫里斯・梅洛—龐蒂（Maurice Merleau-Ponty，1908～1961）著，楊大春譯，《眼與心》（北京：商務印書館，2007 年 6 月）。

12. 陳昭瑛著，《臺灣儒學：起源、發展與轉化》（台北：正中書局，2000 年 3 月）。

13. 陳慧劍譯註，《維摩詰經今譯》（台北：東大圖書公司，1990 年）。

14. 康師義勇著，《論語釋義》（高雄：麗文文化公司，1993 年）。

15. 勒内・吉拉爾著，馮壽農譯，《替罪羊》（台北：臉譜出版社，2004 年）。

16. 菲利普・津巴多（Philip G. Zimbardo）著，劉羽、肖莉、唐小豔《影響力心理學》（北京：人民郵電出版社，2009 年）。

（七）文學理論、批評

1. 王忠林著，《文心雕龍析論》（台北：三民書局，1998 年）。

2. 卡勒（Jonathan Culler）著，李平譯，《文學理論》（香港：牛津大學出版社，1998 年）。

3. 朱自立著，《說詩晬語論歷代詩》（台北：里仁書局，1994 年）。

4. 朱熹集注，《楚辭集注》（合肥市：黃山書社，2009 年）。

5. 余光中著，《分水嶺上》（台北：九歌出版社，2009 年）。

6. 余光中著，《舉杯向天笑》（台北市：九歌出版社，2008 年）。

7. 余光中著，《從徐霞客到梵谷》（台北：九歌出版社，1994 年）。

8. 林祥征著，《錢鍾書先生論《詩經》《楚辭》》（台北：五南圖書公司，2013 年 12 月）。

9. 波赫士著，陳重仁譯，《波赫士論詩談藝》（台北：時報文化公司，2001 年）。

10. 保羅・利科著，汪堂家譯，《活的隱喻》（上海：上海譯文出版社，2004 年）。

11. 翁聖峰著，《日據時期臺灣新舊文學論初探》（台北：五南圖書出版公司，2007 年）。

12. 孫福軒著，《清代賦學研究》（杭州：浙江大學出版社，2008 年）。

13. 孫康宜著，鐘振振譯，《抒情與描寫：六朝詩歌概論》（上海：上海三聯書店，2006 年）。

14. 海若・亞當斯（Hazard Adams）著，傅士珍譯，《西方文學理論四講》（台北：洪範書店，2000 年）。

15. 郝懿行著，《爾雅義疏》（台北：藝文出版社，1987 年 10 月四版）。

16. 舒蕪等編記，《近代文論選》（北京：人民文學出版社，1999 年）。

17. 張高評著，《王昭君形象之轉化與創新：史傳、小說、詩歌、雜劇之流變》（臺北：里仁書局，2011 年 12 月）。

18. 張高評著，《宋詩之新變與代雄》（台北：洪業文化，1995 年）。

19. 張高評著，《宋詩之傳承與開拓》（台北：文史哲出版社，1990 年 3 月初版）。

20. 張健著，《詩話與詩》（台北：五南圖書出版公司，2002 年）。

21. 張健著，《文學批評論集》（台北：臺灣學生書局，1985 年）。

22. 張健著，《宋金四家文學批評研究》（台北：聯經出版社，1983 年）。

23. 張健著,《文學概論》(台北:五南圖書公司,1983 年)。

24. 張健著,《文學評論第一集》(台北:巨流圖書公司,1980 年)。

25. 張夢機著,《思齋說詩》(台北:華正書局,1977 年)。

26. 張伯偉校考,《全唐五代詩格校考》(西安:陝西人民教育出版社,1996 年 7 月)。

27. (北京大學)張健著,《王士禛論詩絕句三十二首箋證》(台北:文史哲出版社,1994 年)。

28. 張錯(Dominic Cheung)著,《西洋文學術語手冊》(台北:書林出版社,2005 年)。

29. 張靜尹著,《清代詩學神韻說的論詩旨趣》(高雄:國立高雄師範大學國文系博士論文,2002 年元月)。

30. 許結著,《賦體文學的文化闡釋》(北京市:中華書局,2005 年)。

31. 陳光瑩著,《吳梅村諷諭詩研究》(臺北:花木蘭文化出版社,2009 年)。

32. 達賴喇嘛、保羅‧艾克曼(Dalai Lama&Paul Ekman,Ph.D.)著,《心的自由:達賴喇嘛 vs.保羅‧艾克曼談情緒與慈悲》(臺北:心靈工坊文化,2011 年 5 月)。

33. 遍照金剛著,《文鏡祕府論》(台北:金楓出版社,1987 年 5 月初版)。

34. 黃慶萱著,《新譯乾坤經傳通釋》(台北:三民書局,2009 年)。

35. 黃慶萱著,《修辭學》(台北:三民書局,1989 年)。

36. 黃景進著,《意境論的形成:唐代意境論研究》(台北:臺灣學生書局,2004 年 9 月初版)。

37. 瑪格莉特‧愛特伍(Margaret Atwood)著,嚴韻譯,《與死者協商:瑪格莉特‧愛特伍談寫作》(臺北:麥田出版社,2004 年 5 月)。

38. 衛姆塞特、布魯克斯著,顏元叔譯,《西洋文學批評史》(台北:志文出版社,1987 年)

39. 廖蔚卿著,《漢魏六朝文學論集》(台北市:大安出版社,1997 年第一版)。

40. 廖炳惠著,《解構批評論集》(台北:東大圖書公司,1995 年 10 月)。

41. 廖可斌著,《復古派與明代文學思潮》(台北:文津出版社,1994 年初版)。

42. 樓慶西著,《中國古建築二十講》(香港:香港中和出版公司,2014 年 4 月)。

43. 蔡源煌著,《從浪漫主義到後現代主義》(台北:雅典出版社,1998 年 3 月)。

44. 蔡英俊著,《比興、物色與情景交融》(台北:大安出版社,1986 年)。

45. 劉勰著,周振甫注,《文心雕龍注釋》(臺北:里仁書局,1984 年)。

46. 劉麗卿著,《清代臺灣八景與八景詩》(國立中興大學中國文學系碩士論文,2000 年 9 月)。

47. 劉若愚著、杜國清譯,《中國文學理論》(台北:聯經出版社,1981 年)。

48. 閻廣林著,《笑:矜持與淡泊——中國喜劇精神的内在特徵》(台北:雲龍出版社,1991 年 10 月台一版)。

49. 糜文開、裴普賢著,《詩經欣賞與研究》(臺北:三民書局,1985 年)。

50. 關永中著,《神話與時間》(臺北市:臺灣書局,1997 年)

51. 鄺健行著,《科舉考試文體論稿:律賦與八股文》(台北:台灣書局,1999 年)。

52. 簡宗梧著,《賦與駢文》(台北:台灣書局,1998 年)。

53. 魏仲佑著,《黃遵憲與清末「詩界革命」》(台北:國立編譯館,1994 年)。

54. 蘇國榮著,《中國劇詩的美學風格》(台北:丹青出版社,1987 年 6 月 1 日初版)。

55. 龔卓軍著,《身體部署(Dispositif of the Body)——梅洛龐蒂與現象學之後》(台北:心靈工坊文化公司,2006 年)。

56. 龔師顯宗著,《明七子派詩文及其論評之研究》(台北:花木蘭出版社,2007 年)。

57. 龔鵬程著,《年報:一九九六龔鵬程年度學思報告》(嘉義縣大林鎮:南華管理學院,1997 年 12 月)。

58. 龔鵬程著,《詩史本色與妙悟》(台北市:學生書局,1992 年)。

三、期刊論文

1. 王敏川著,〈書房教育革新論〉(《台灣青年》第 4 卷第 1 號,1921 年 1 月 20 日)。

2. 李玲珠著,〈阮籍、嵇康生死意識的底蘊與轉折〉,《哲學與文化》(月刊)革新號第 433 期(台北:哲學與文化月刊編輯委員會,2010 年 6 月)。

3. 周師虎林著,〈春秋邾國考略〉(高雄:高雄師範大學國文所系第一屆先秦學術討論會論文集,1992 年 4 月)。

4. 康師義勇著,〈試論元雜劇淨腳的作用及「科諢」的表現技巧——以「孤本元明雜劇」所收元雜劇為材料所做的觀察〉(高雄:高雄師範大學國文所系第十六次教師學術研討會:1993 年 12 月 22 日出版)。

5. 張昭然著,〈汀泗橋戰役研究〉(《國史館館刊》復刊第四期,1988 年 6 月出版)。

6. 陳光瑩著,〈洪棄生古典的漢詩教學研究〉,《建國科技大學通識教育中心『第七屆提升職業倫理與職業道德教育研討會論文集』》(彰化:建國科技大學通識教育中心,2010 年 4 月 30 日)。

7. 蔡淑玲著,〈德布達(即德希達)與白朗修對「空無」看法的異同:符號與現實之間的關係〉(《中外文學》第 22 卷第 10 期,1994 年 3 月)。

8. 龔鵬程著，〈由李白詩歌詮釋史看詩的現實性與超越性（下）〉，《歷史月刊 118 期》（台北：1997 年 11 月 5 日）。

四、報紙

1. 〈河南鄭州遊〉，（聯合晚報：中華民國 103 年 2 月 12 日星期三），A10 版。

2. 黃光男著，〈天津迷煙〉（2014 年 1 月 8 日星期三，聯合報副刊）。

3. 《人間福報》（2013 年 11 月 24 日）。

4. 韓良露著，〈北骨南皮的杭州菜〉（聯合報：民國 102 年 6 月 22 日，星期六），消費 C6。

5. 〈九省通衢——登黃鶴樓，遠眺武漢三鎮〉，《聯合報》A12 版「兩岸城市巡禮」，2013 年 1 月 6 日星期日。

6. 余光中著，〈〈佛羅倫斯記〉四之三〉（聯合報：民國 99 年 11 月 16 日，星期二），聯合副刊。

7. 徐尚禮報導，〈上海的猶太人〉，（北京：中國時報，2002 年 12 月 8 日星期一），A12 版。

8. 趙滋蕃著，〈論反諷〉（中央日報：民國 71 年 3 月 5 日～7 日副刊）。

五、英文

1. Adalaide Kirby Morris，《Wallace Stevens：Imagination and Faith》（New Jersey：Princeton University Presss，1974）。

2. Frank T. Vertosick , Jr., M. D.，《WHY WE HURT：The Natural History of Pain》（New York：A Harvest Book Harcourt , Inc.，2000）。

3. Martin McQuillan，*PAUL DE MAN*，（London：Taylor & Francis Group，2001）。